能源效率

——实时能源基础设施的投资与风险管理

【美】莱斯利·索美斯 著

韩冬筠 译

经济管理出版社

ECONOMY & MANAGEMENT PUBLISHING HOUSE

图书在版编目（CIP）数据

北京市版权局著作权合同登记：图字：01-2013-4774

Energy Efficiency：Real Time Energy Infrastructure Investment and Risk Management By Leslie A. Solmes ⓒ Leslie A. Solmes 2009

First Published 2009 by Springer Science & Business Media BV

Chinese Translation Copyright ⓒ 2014 by Economy & Management Publishing House

This Translation of Energy Efficiency：Real Time Energy Infrastructure Investment and Risk Management，The Edition is published by arrangement with Springer Science & Business Media BV

能源效率：实时能源基础设施的投资与风险管理/（美）索美斯著；韩冬筠译. —北京：经济管理出版社，2014.6

ISBN 978-7-5096-3039-6

Ⅰ. ①能… Ⅱ. ①索… ②韩… Ⅲ. ①能源效率—研究 Ⅳ. ①F206

中国版本图书馆 CIP 数据核字（2014）第 067969 号

组稿编辑：王格格
责任编辑：勇　生　王格格
责任印制：黄章平
责任校对：张　青

出版发行：经济管理出版社
　　　　　（北京市海淀区北蜂窝 8 号中雅大厦 A 座 11 层　100038）
网　　址：www. E-mp. com. cn
电　　话：（010）51915602
印　　刷：三河市延风印装厂
经　　销：新华书店
开　　本：720mm×1000mm/16
印　　张：17
字　　数：199 千字
版　　次：2014 年 8 月第 1 版　2014 年 8 月第 1 次印刷
书　　号：ISBN 978-7-5096-3039-6
定　　价：59.00 元

序言

能源已经成为现代文明社会的血液。随着人类社会进入工业文明，能源的开发利用成为经济活动的重要组成部分，与能源相关的生产、贸易、消费和税收等问题开始成为学者和政策制定者关注的重点。得益于经济学的系统发展和繁荣，对这些问题的认识和分析有了强大的工具。如果从英国经济学家威廉·杰文斯1865年发表的《煤的问题》算起，人们从经济学视角分析能源问题的历史迄今已经有一个多世纪了。

从经济学视角分析能源问题并不等同于能源经济学的产生。实际上，直到20世纪70年代，能源经济学才作为一个独立的分支发展起来。从当时的历史背景来看，70年代的石油危机催生了能源经济学，因为石油危机凸显了能源对于国民经济发展的重要性，从而给研究者和政策制定者以启示——对能源经济问题进行系统研究是十分必要的，而且是紧迫的。一些关心能源问题的专家、学者先后对能源经济问题进行了深入、广泛的研究，并发表了众多有关能源的论文、专著，时至今日，能源经济学已经成为重要的经济学分支。

同其他经济学分支一样，能源经济学以经济学的经典理论为基础，但它的发展却呈现两大特征：一是研究内容和研究领域始终与现实问题紧密结合在一起。经济发展的客观需要促进能源经济学的发展，而能源经济学的逐步成熟又给经济发展以理论指导和概括。例如，20世纪70年代的能源经济研究聚焦于如何解决石油供给短缺和能源安全问题；到90年代，经济自由化和能源市场改革的浪潮席卷全球，关于改进能源市场效率的研究极大地丰富了能源经济学的研究内容和方法，使能源经济学的研究逐步由实证性研究转向规范的理论范式研究；进入

21世纪，气候变化和生态环境退化促使能源经济学对能源利用效率以及能源环境问题开展深入的研究。

需要注意的是，尽管能源经济学将经济理论运用到能源问题研究中，但这不是决定能源经济学成为一门独立经济学分支的理由。能源经济学逐步被认可为一个独立的经济学分支，主要在于其研究对象具有特殊的技术特性，其特有的技术发展规律使其显著区别于其他经济学。例如，电力工业是能源经济学分析的基本对象之一。要分析电力工业的基本经济问题，就需要先了解这些技术经济特征，理解产业运行的流程和方式。比如，若不知道基本的电路定律，恐怕就很难理解电网在现代电力系统中的作用，从而也很难为电网的运行、调度、投资确定合理的模式。再如，热力学第一定律和第二定律决定了能源利用与能源替代的能量与效率损失，而一般商品之间的替代并不存在类似能量损失。能源开发利用特有的技术经济特性是使能源经济学成为独立分支的重要标志。

能源经济学作为一门新兴的学科，目前对其进行的研究还不成熟，但其发展已呈现另一个特征，即与其他学科融合发展，这种融合主要源于能源在经济领域以外的影响和作用。例如，能源与环境、能源与国际政治等。目前，许多能源经济学教科书已把能源环境、能源安全作为重要的研究内容。与其他经济学分支相比，能源经济学的研究内容在一定程度上已超出了传统经济学的研究范畴，它所涉及的问题具有典型的跨学科特征。正因为如此，能源经济学的方法论既有其独立的经济方法，也有其他相关学科的方法学。

能源经济学研究内容的丰富与复杂，难以用一本著作对其包括的所有议题进行深入的论述。从微观到宏观，从理论到政策，从经济到政治，从技术到环境，从国内到国外，从现在到未来，其所关注的视角可谓千差万别，但却有着密切的内在联系，从这套经济管理出版社出版的《能源经济经典译丛》就可见一斑。

这套丛书是从国外优秀能源经济著作中筛选的一小部分，但从这套译著的书名就可看出其涉猎的内容之广。丛书的作者们从不同的角度探索能源及其相关问题，反映出能源经济学的专业性、融合性。本套丛书主要包括：

《能源经济学：概念、观点、市场与治理》（Energy Economics: Concepts, Issues, Markets and Governance）和《可再生能源：技术、经济和环境》（Renewable Energy: Technology, Economic and Environment）既可以看做汇聚众多成熟研究成果的出色教材，也可以看做本身就是系统的研究成果，因为书中融合了作者的许多真知灼见。《能源效率：实时能源基础设施的投资与风险管理》（Energy Efficiency: Real Time Energy Infrastructure Investment and Risk Management）、《能源安全：全球和区域性问题、理论展望及关键能源基础设施》（Energy Security: International and Local Issues, Theoretical Perspectives, and tructures) 和《能源与环境》(Energy and Environment) 均是深入探索经典能源问题的优秀著作。《可再生能源与消费型社会的冲突》(Renewable Energy Cannot Sustain a Consumer Society) 与《可再生能源政策与政治：决策指南》(Renewable Energy Policy and Politics：A Handbook for Decision-making) 则重点关注可再生能源的政策问题，恰恰顺应了世界范围内可再生能源发展的趋势。《可持续能源消费与社会：个人改变、技术进步还是社会变革？》(Sustainable Energy Consumption and Society：Personal, Technological, or Social Change?)、《能源载体时代的能源系统：后化石燃料时代如何定义、分析和设计能源系统》(Energy Systems in the Era of Energy Vectors：A Key to Define, Analyze and Design Energy Systems Beyond Fossil Fuels)、《能源和国家财富：了解生物物理经济》(Energy and the Wealth of Nations：Understanding the Biophysical Economy) 则从更深层次关注了与人类社会深刻相关的能源发展与管理问题。《能源和美国社会：谬误背后的真相》(Energy and American Society：Thirteen Myths)、《欧盟能源政策：以德国生态税改革为例》(Energy Policies in the European Union：Germany's Ecological Tax Reform)、《东非能源资源：机遇与挑战》(Energy Resources in East Africa：Opportunities and Challenges) 和《巴西能源：可再生能源主导的能源系统》(Energy in Brazil：Towards a Renewable Energy Dominated Systems) 则关注了区域的能源问题。

对中国而言，伴随着经济的快速增长，与能源相关的各种问题开始集中地出现，迫切需要能源经济学对存在的问题进行理论上的解释和分析，提出合乎能源发展规律的政策措施。国内的一些学者对于能源经济学的研究同样也进行了有益的努力和探索。但正如前面所言，能源经济学是一门新兴的学科，中国在能源经济方面的研究起步更晚。他山之石，可以攻玉，我们希望借此套译丛，一方面为中国能源产业的改革和发展提供直接借鉴和比较；另一方面启迪国内研究者的智慧，从而为国内能源经济研究的繁荣做出贡献。相信国内的各类人员，包括能源产业的从业人员、大专院校的师生、科研机构的研究人员和政府部门的决策人员都能在这套译丛中得到启发。

翻译并非易事，且是苦差，从某种意义上讲，翻译人员翻译一本国外著作产生的社会收益要远远大于其个人收益。从事翻译的人，往往需要一些社会责任感。在此，我要对本套丛书的译者致以敬意。当然，更要感谢和钦佩经济管理出版社解淑青博士的精心创意和对国内能源图书出版状况的准确把握。正是所有人的不懈努力，才让这套丛书较快地与读者见面。若读者能从中有所收获，中国的能源和经济发展能从中获益，我想本套丛书译者和出版社都会备受鼓舞。我作为一名多年从事能源经济研究的科研人员，为我们能有更多的学术著作出版而感到欣慰。能源经济的前沿问题层出不穷，研究领域不断拓展，国内外有关能源经济学的专著会不断增加，我们会持续跟踪国内外能源研究领域的最新动态，将国外最前沿、最优秀的成果不断地引入国内，促进国内能源经济学的发展和繁荣。

丛书总编　史丹

2014 年 1 月 7 日

前言
Preface

1. 谜

在一个依赖稀缺的化石燃料并因为它们对全球变暖的影响而担忧的世界中，为什么不存在这样一项政策，要求能源供应商从每单位消耗的能源中获得尽可能多的有用能量呢？更重要的是，为什么美国的投资者不使用因为投资于整合的热电生产而节省的资金来为这个国家陈旧的基础设施的升级和发展提供资金呢？

2. 意图

《能源效率——实时能源基础设施的投资与风险管理》是一本旨在与人们，尤其是美国的人们，就重建我们那些已经陈旧的、效率低下的能源供应系统所产生的经济和社会效益进行交流的刊物和手册。我希望激发人们大量投资整合能源供应系统的热情，在这些系统中对互联网信息技术的使用支撑着实现能源效率所包含的巨大潜

注：为了讲述《能源效率——实时能源基础设施的投资与风险管理》的历史，我使用了大量的技术术语，但是本书是为广泛的读者准备的，他们中可能有许多人对于能源术语并不熟悉。正文和脚注将尽量提供一些术语的定义，但是读者也许还需要额外的解释。我没有复制一个与能源相关术语的词汇表，相反，我鼓励读者到美国能源部——能源效率和可再生能源网站（http://www.eia.doe.gov/glossary/index.html）去寻找这些术语的定义。

在利益所需要的交流和信任。

美国全国范围内的电、热/蒸汽、制冷生产和分配基础设施是陈旧的、效率低下的、不可靠的，而且是污染严重的。人们不断提出的升级能源基础设施的要求常常被忽视，直到危机出现。人们所采用的解决方案通常是下面两个范畴中的一个：第一个方法是沿袭投资大型发电厂以及扩大电网的传统，消费者继续替换他们的供热和制冷设备，不幸的是，这些做法加剧了污染并增加了消费者使用能源的成本；另一个方法是修补、修补、再修补，直到人们面对更严重的、范围更广的、代价更高的失败，而为升级消费者的公用事业提供资金往往是最不会被考虑的预算项目。

有一个更好的办法：通过致力于要求对高效率的生产和分配电力、热/蒸汽以及冷却水的供应系统进行投资，美国拥有降低能源成本、创造投资回报、促进就业、提高生产率和减少排放的巨大机会。

高效率意味着所消费的每单位燃料能够产出最大数量的有用能量。高效率还意味着能源供应投资将表明对于投资寿命来说资本、运营、维护、燃料和环境的综合成本最低。发电中产生的废热/蒸汽将被用于满足用户的能量需要，用户的蒸汽、热水和冷却水的生产、分配以及最终使用系统将会与电力供应系统一起得到升级和运营。

一个效率更高的能源供应投资策略的总体目标是从公用事业基础设施和商品投资中获得最大价值，并通过管理随着时间的推移而产生的风险来保持这个价值。这些目标可以通过建立和管理能够以最低的成本提供可靠能源服务的整合公用事业和消费者能源供应系统，以及通过调度设备以获得能源供应、生产和分配系统的最优组合来实现，从而确保为消费者提供可靠的电力、热能和冷能。对这样一个整合系统做出投资决策并管理其风险需要对投资计划和运行情况进行实时更新、通信和报告。

传统上，电力企业通过建造具有大规模电网的中心发电厂，以所容许的最高价格出售他们所能生产出的最多电能来获取利润，这是一个收入最优化的方法。采用一个新的投资方法和基于网络的风险管理工具将鼓励电力企业从每单位能源得到最大能量价值的投资中获得利润，这是向可行的成本最小化转变的方法。消费者将与能源供应公司建立合作伙伴关系，这将提高业务的可靠性、利润和生产率。投资者将从被证明是稳健的财务管理的基金中取得回报而不再受股市和华尔街情绪的摆布。

本书说明了如何实现一个能源供应商和消费者的共同经济和环境机会并详细描述了被称为机会评估（Opportunity Assessment™, OA）的能源系统规划方法和被称为 Opassess 的基于网络的、三层应用软件，这个方法和软件被用来表明如何实现并维持效率投资的价值。更重要的是，本书向企业、政府和管理者提出挑战，使他们抛开他们的文化恐惧并放弃相互间的争斗，为了实现从对有效率的基础设施进行的投资中受益而协力工作。本书证明了采用整合的能源效率投资方法和基于网络的工具的价值，这将使人们能够将能源投资作为整体方案进行衡量、管理和报告，在这些方案里风险能够得到管理、回报能够得到保障。

3. 本书结构

本书共有三部分。第一部分为如何以最小的能源单位成本获取最可靠的能量创造条件。本书的基础是建立在资源稀缺和资源效率的原则上，以实现既从每单位能源消费中获得最大的能量价值，又发展能够降低资本和运营成本的整合能源生产系统为目标。

电力企业和消费者所使用的陈旧的、效率低下的能源生产和分配系统中所包含的投资机会成为为美国甚至全世界范围内重建能源系统基础设施筹集资金的解决方案。对传统的能源供应系统、所有权以及发展所作的描述提供了供应系统低效率是如何演化的历史。那个看起来不得不为重建和扩大基础设施寻找资金的重大问题，在本书看来是一个将会创造就业、使供应商和消费者都获益、减少成本和排放以及提高可靠性和安全性的重大机遇。

第二部分展示了开展业务的一个不同方式。通过运用在能源供应商和消费者方面的经验，我使用了一个被称为机会评估（OA）的能源系统投资方法和一个被称为 Opassess 的基于网络的软件应用来说明整合规模的确定是为了满足有效率的建筑物最终使用的电、热和制冷生产和分配系统的发展，所有这些投资都能通过能源预算的减少来得到补偿。此外，这些模型表明了能源供应商和消费者如何通过合作从效率中获益和管理、降低投资风险。

使用基于网络的技术来创造和实施能源基础设施投资能够向所有利益相关者实时传递变化的市场指标，这对于从项目开始时以及在项目的整个生命周期中建立达成交易所需的信任以及管理投资风险来说是至关重要的。

第三部分讨论了限制能源供应系统效率发展的顾虑和障碍。这部分详细说明了风险以及管理这些风险的方法。实时的信息和通信是建立长期的、成功的业务伙伴关系，克服交易复杂性与吸收新燃料和技术的基础。

第三部分还讨论了人们从一个电力和供热/制冷生产和分配系统相分离的范式转变为一个促进热和电力相结合的分布式发电的范式正在取得的进展。联邦和州政府的能源立法正在发生什么？能源专家的建议是什么？电力企业的态度如何？谁是供应方能源效率的倡导者，他们正在继续进行什么样的斗争来获得与能源垄断企业进行竞争的许可？

本书认为能源基础设施效率的答案与信息技术行业的演化相同，如 Thomas Casten、Thomas Frieman、Vijay Vaitheeswaran 等专家共同指出的能源效率与信息技术的一致性。经济增长和能源基础设施融资的基本前提包括得到迅速传递对于进行投资、管理和成本控制决策非常重要的信息的能力。这些必要条件中有许多都通过 OA 和 Opassess 得到了说明。

　　本书描述了实现资源效率所需承担的义务以及迈向一个以标准的行业框架为基础的新能源信息时代的重要性，这个框架早已被能源服务企业应用于开发和管理能源基础设施的投资。本书提到了促进一个成熟的、与能源相关的信息技术的发展所需要的 7 个重要因素。

　　最后，本书提出另一个框架——协同工作的框架——是实现能源效率、可靠性、安全性、灵活性、经济增长、环境可持续性和提高劳动率的解决方案。这个框架建立在这样一个基础上，即激励盈利能力和效率而不是市场份额，激励国际的、企业的和国内的战略利益联盟，并且在开放的市场、促进竞争的地方建立合作标准和工具。

作者简介

Leslie A. Solmes 是 LAS 的创始人和董事长，并在 1998 年被美国能源工程师协会授予年度能源服务专家和能源领域大师的称号。她拥有 25 年以上在能源行业从事高级管理工作的经验，包括公用事业附属企业的能源供应和终端投资、发电厂的发展、绩效合同、批发能源的采购、销售、相互联络、运输、电力转运合同和环境咨询。

在与能源相关的经济思想的最前沿领域，她撰写了大量有关能源管理和投资的文章和著作，创造了 Opportunity Assessment™ 能源投资方法和 Opassess 应用软件。她还在密歇根州立大学建立了第一个大学能源教育推广宣传项目、建立了能反映能源业务问题所有方面的五个新的事业单位并对这些项目提供指导，这五个新事业单位包括：佛罗里达州的戴德郡（Dade County）能源管理办公室，Kenetech 能源服务公司佛罗里达分部（发电厂开发商），Bosek、Gibson & Associates 公司加州办事处（能源工程企业），任务整合能源服务处（公用事业供应投资企业），以及 1995 年建立的 LAS & Associates 有限公司。

她领导了能源政策和规章的制定，并在美国国会、各部、各州立法机构和公共服务/公用事业委员会以及地方政府面前为支持这些政策和规章做证。

她和她的丈夫 David Grunau 目前居住在加利福尼亚州和新西兰，处于半退休的状态。

致谢

Acknowledgments

我一直在努力保持着完成这项研究并写出《能源效率》一书的动力，直到有一天我问一个非常好的朋友 Joan Honeyfield 是否愿意帮我。Joan 富有创造力、语言表达能力很强，并且很有天赋，最重要的是她充满热情。Joan 为这本书创作了插图。她对我的文字进行编辑、为所有的参考文献安排结构并指导我获得版权许可。对于她为我提供的帮助，任何言辞都不足以表达我的感谢。

Jeffrey Bedell 和 Lauren Snell，没有你们，我就不可能完成这项工作。Jeffrey 最先将 Opportunity Assessment™ 方法论置入 Excel 电子制表软件，并帮助我为许多客户将这一软件应用于能源基础设施投资。Lauren Snell 参加进来，她不仅学会了如何使用 Opportunity Assessment™，而且将其开发成一个网络应用软件。Jeffrey 和 Lauren，这本书既是我的作品也是你们的作品。

我的家庭成员，Andrea 和 Robert Brook，我的孩子们，帮助我开创了公司 LAS & Associates。他们是为我提供支持的中坚力量，这种支持使我保持脚踏实地和头脑清醒。我爱你们，感谢你们。

这本书是"献给 David"的。David Grunau 是我的丈夫、朋友和最强大的支持者。David 以那么多沉默而简单的方式为 Opassess 和本书的进展做准备。对于这样一个以各种方式站在你身后支持你的人，你能说些什么呢？在我所有那些坐在电脑前工作的时间里，David 不仅鼓励我完成我酷爱的工作，而且提高了他的网球游戏水平。他的性格与灵感就是我的性格与灵感。

最后，我要感谢 Springer 的 Fritz Schmuhl 以及 Barney Capehart 和 Tom Tamblyn，是他们支持了我的想法并使这本书的面世成为现实。

目录

————————————————— Contents

第1部分　创造条件

第 2 部分 开展业务的一个不同方式

第3部分 对未知的恐惧

PART **1** | 第1部分

创造条件

第❶章　以最小的单位成本获得最可靠的能源

摘　要： 本书讲述了作者在 1978 年被密歇根州立大学选中来实施美国第一个能源教育推广宣传项目的经历。她描述了能源效率、热力学以及整合的能量生产系统的能量原理，这些原理为帮助人们在一个将化石燃料作为动力的能源社会中控制成本并克服污染提供了支持。她介绍了现有的可以为能源基础设施升级和降低能源成本提供资金并且减少排放的投资机会。

关键词： 成本控制；排放减少；整合的能量生产系统；投资机会；最小的单位能量成本；新能源供应投资时代；由节省的开支提供资金；能源效率；热力学

1.1　一个开始——1978 年

当我的邻居 Jim Neal 向我招手并穿过大街对我说"Leslie，密歇根州立大学已经决定开始一个能源教育宣传推广项目，我认为你应该申请这份工作"的时候，我正在我的花园里干活。

我回答他说："但是 Jim，我对于能源一无所知啊。"Jim 搂着我的肩膀、微笑着看着我并回答说："那很好，其他人也不懂。"

一年之内，我不仅在帮着为密歇根州立大学的能源教育发展提供指导，而且为国家郡县协会（National Association of Counties）举办了专题研讨会。

我没有意识到我的社会科学背景，尤其是融合了教育研究的经济学和政治学背景，恰好满足了工作的要求。经济学是对稀缺资源配置的研究。1978 年，美国对国家能源的关注在于如何从不可再生（稀缺）的资源，主要是化石燃料（石油、天然气、煤炭）中，获得最大的效率以及如何用可再生资源（太阳能、风能、地热、水能和其他可再生能源）替代这些稀缺的燃料。

1973 年的阿拉伯石油禁运威胁了美国的经济安全，因为美国经济的基础设施建立在对化石燃料的消费上。运输、电力、供热、制冷、供水和废水处理系统无论过去还是现在都是生命和经济增长的基础。密歇根州立大学寻求确定社区的能源教育需求并为满足那些需求提供教育项目。

现在我们已经进入 21 世纪，问题还摆在我们面前。"我们怎样做来帮助人们使用越来越稀缺的化石燃料资源从而使这些资源的效率更高、价格更容易为大众接受？"只有现在，人们才意识到燃烧化石燃料，尤其是煤炭和石油，以及核废物所产生的能源污染对环境的影响正威胁着地球上的生命。

1.2　能量原理

从事能源教育以来，密歇根州立大学的能源农业工程师 Herman

Koenig 博士教给我的三个原理，指导着我 25 年来的工作。

1.2.1 第一个原理：热力学第二定律

对我建立密歇根州立大学教育宣传推广项目的方法产生影响的第一个原理是热力学第二定律。简而言之，这个法则表明每次一种形式的能转变为另一种形式的能，某些能量被浪费掉了。当我了解到由于生产电力而浪费掉的化石燃料能量，我感到很吃惊。当燃烧天然气、煤炭和石油这样的燃料来生产电力时，燃料中所包含的 2/3 的能含量变成了废热并被排放到大气中或者倾倒到河流和海洋中。除了低效率问题，被排放到大气中的热包含着二氧化碳、甲烷、一氧化二氮、汞和其他污染物。

这是在密歇根州！人们被要求在冬天调低温度调节器并关掉电灯来节省能源。天气很冷，也很黑。废热正在被浪费掉？美国能源节约一直关注需求方——要求家庭和企业减少他们的能源消费。现在是时候从供给方节约能源（电力、热和冷却能源的生产和运输）了。

电力企业是世界上最大的能源用户，排放的二氧化碳在美国的二氧化碳排放中占到 1/3。1998 年，热电联合系统的主要开发者和倡导人 Thomas Casten 在报告中指出："电力生产占到了美国所有二氧化碳排放的 1/3，能量的浪费是巨大的。美国的发电机每年浪费掉的能源超过了日本全年的能源使用总量。那么，我们因为单独生产我们所需的热能而燃烧了更多的燃料。美国经济的两个部门——供热和发电部门——消耗掉了美国所有燃料的 2/3。剩下的 1/3 被运输业消费掉了（Casten，1998：5）。"正如 Casten 明智地认识到的，对美国的热能和电能供应系统进行投资具有提高能源效率和减少碳排放的最大潜力。

1.2.2　第二个原理：资源稀缺性

与电力生产所浪费的能源相比居于次要地位的，是人们需要化石燃料提供的能量来开采、运输、处理初级燃料（石油、天然气、煤炭、铀）以及将初级燃料运到发电厂。化石燃料的真正问题在于资源的稀缺性。这个世界将不会用光化石燃料，但是所需要的能源数量在显著增加，获得的净能源在逐渐减少。需要多少单位的能源来获得另一个单位的可使用能源？成本是什么，尤其是如果把所有的成本（包括排放和处理）都计算在内？

在 20 世纪的前 70 年中，电力生产中取得的规模经济的进步是零售成本降低的一个原因。到 1970 年，生产效率达到最大值。公用事业部门的报告中写道："逐渐减少的规模经济回报再加上需求增长减缓、燃料成本升高和对环境要求的提高，所有这些都汇聚到一起对传统的降低商品成本的经营模式以及公用事业的结构提出了挑战。"（Electric Power Research Institute for the Board of Directors，2008：2）不断上升的能源成本不仅影响了消费者减少消费的决定，而且对能源供应商冒着风险对大型中心发电厂和输电网进行投资的意愿提出了重大挑战。电力公用事业部门的平均生产效率还停留在 33%，另外有 7% 在传输中被损失掉了。

然而，美国需要对新能源供应系统进行资本投资。2006 年 1 月，能源和环境经济与政策问题方面的著作者、演讲者和顾问 Eugene Trisko 写道："在未来 25 年中，美国将需要建装机容量高于 300GW 的新电厂来满足电力需求并用效率更高的技术替代旧的发电厂。"（Trisko，2006）Trisko 继续指出，在美国 50% 的发电量是由煤炭提供的，而提供这些电量的发电厂中有一半都已经运转超过 30 年了。

美国正处在做出有关资源效率的重大决策的关键时刻，这些决策将在未来 30~50 年里影响美国的经济和环境。下面的章节中将讨论美国能源供应系统的老化、低效率、污染和不可靠性这些问题。

1.2.3　第三个原理：整合的能源供应系统

第三个原理是资源效率的应用需要一个整合的能源供应系统方法。为了获得最低成本的能源并减少废气排放，所有能源系统的建设和运营需要被整合起来。例如，为生产电力和制成品而燃烧化石燃料所产生的废热可以被捕获并用于建筑物的供热和制冷、提供热水和其他能源等用途。然而，为了获得这种效率就要求将多个系统作为一个整合的系统进行规划、建设、运营和维护。

根据定义，整合的能源供应系统必须考虑以最低的能源单位成本从消耗的每单位能源中获得最大的能源价值。新的能源供应投资经济决策必须考虑创造每单位能源的开发、资金、运营、燃料、维护、融资、管理、税收、处置、排放、控制、分配、设备拆撤以及其他生命周期的全部成本。通过将能源供应系统放置在需要使用电力和热能的地方，向最终用户提供电力、供热和制冷能量的总成本会降低，结果是所燃烧能源的价值得到更大的利用。生产热能和传送电力所需要的设备会减少，由此可以降低资金成本。

地方的能源供应系统有以下 6 种形式：

（1）应急发电机——这种发电机被放置在用户的场所，当用户从电力供应商那里获得的电力出现中断时，这些发动机被用来提供应急电力。

（2）热电联产——在这个过程中，燃料被燃烧以生产电力，同时废热被回收用于生产更多电力和/或提供有用的热能。当燃烧燃料来生产主要用在工业过程中的热能并且废热也被用于发电时，热电联产也会发生。

（3）冷热电三联产——这与热电联产相同，但是冷热电三联产中的废热也被用来为空气调节系统生产冷却水。

（4）热电联供（CHP）——使用初级燃料生产有用的电力和热能。

（5）拥有地区能源系统的中心发电厂——这样的发电厂没有将供热和制冷设备放置在每个建筑物中，相反，它们将所有生产和分配能量来为每个建筑物供暖和制冷的设备放置在一个单独的建筑物中。

（6）分布式发电（DG）——分布式发电是一个阶段，它可以包括上面所列举的任何发电的方式以及仅仅在能量被消费的地方或其附近生产电力或热能。分布式发电可以包括模块化的、分散的、并网的和离网的能源系统。太阳能、天然气或者其他初级燃料都可以在用户所在地或其附近生产热能和/或电能。

用来发展整合的能源供应系统的技术已经存在一个多世纪了。为了获得最小的英国热量单位（Btu）成本，尤其是排放成本，我们应该考虑现有的用来生产和管理电力、供热和制冷的燃料和技术。整合的能源供应系统应投资寻求对所有的初级燃料选项（城市垃圾、生物质、太阳能、风能、燃料电池、天然气、煤炭、石油）以及其他燃料选项进行评估，来实现和维持长期能源供应系统投资的最低生命周期成本。

1.3　1978 年国家能源政策

在我开始从事能源教育的同一年，Jimmy Carter 总统签署了《国家能源法案》。Jimmy Carter 总统指出："我们已经向我们自己以及世界宣布了我们控制对能源的使用以及因此控制我们国家的命运的意图。"（美国能源部，1978）《国家能源法案》规定了国家能源保护、对公用事业和工业化石燃料使用的限制、污染控制、用电时间的电价、对同时使用电力和热能的发电厂的推广、使用可再生燃料发电、天然气定价和放松管制以及税收激励。

虽然《国家能源法案》为取得能源效率指出了正确的道路，但是对《国家能源法案》实施的控制被交给了州公用事业/服务委员会、立法机构和地方政府。电力企业发挥其影响力来保持它们的垄断销售并阻挠对整合的能源供应系统的投资。后面的章节将详细介绍公用事业公司和消费者如何从整合的能源供应系统中受益，并讨论那些阻碍有效的能源供应系统投资的规章和法律障碍。

1.4 我们的目标

我们的目标是帮助人们以最低的能源单位成本获得最可靠的能源，从而为他们的电力、供热和制冷的需求服务。如果我们考虑每克能源中包含的能含量，我们可以使用英国热量单位（Btu）作为通用的计量单位，然后我们的目标是从每克能源中获得尽可能多的Btu值。

生产蒸汽、热水和冷水以及电力的综合单位成本（以 Btu 计算），包含 Btu、维护、运营和资金成本。我们的任务是确定与提供能源的供应商有关的成本，这些成本将导致综合的 Btu 单位消费和成本的下降。我们的目标是从消费的每单位能源中获得最大的能源值。

在实现这个目标的过程中，我发现存在几百万美元的投资机会来为基础设施的升级提供资金。实施这些升级将大大降低能源消费和环境排放、提高经济效率、限制政府的成本，并传递投资健康状况和稳定性的信息。

供给方的能源效率要求公用事业公司和消费者进行合作。下面的章节不仅描述了如何以最低的单位成本获得最可靠的能源，而且详细介绍了如何以提供及时的决策、风险管理和更高利润的方式实现这些目标。

第❷章 机 会

摘　要：作者列举了关于消费者要为电力生产和传输系统的可靠性和生产能力问题埋单而面临成本冲击的报告。随后，她披露了同样严重的投资积压问题，人们需要这些投资，为解决陈旧的、不可靠的用户生产和分配系统以及与之相关的投资不确定性问题提供资金。她解释了为什么消费者和供应商拥有对立的业务目标，以及通过对电表两端的能源供应系统的投资进行整合，能源供应效率方面的节约如何成为供应商和消费者共同的投资机会。通过恰当地应用基于网络的信息技术，人们可以实现财务效益并降低风险。

关键词：生产能力；消费者生产和分配系统；电力生产和传输系统；财务效益、整合投资；投资不确定性；可靠性；风险降低；基于网络的信息技术

在开始这一章之前，我想引用一篇题为《整合的能源系统：可靠性和最小的 Btu 成本》（Solmes，2008）的文章，这篇文章是我为由 Barney Capehart 编辑、Taylor 和 Francis 于 2007 年出版的《能源工程和技术百科全书》写的。本章中包含了大量从那篇文章中引用的内容。为了使这些引用的内容更易懂，我想告诉大家这篇文章并鼓励

大家仔细查阅这本极为精彩的百科全书。

2.1　陈旧的基础设施

　　资源效率的机会从对陈旧的基础设施进行投资开始。美国的电力供应系统以及消费者能源基础设施和其他基础设施的生产和分配系统都是陈旧而不可靠的。美国需要将其能源基础设施进行升级。通过将效率低下的能源供应系统重建为具有能源效率、环境可持续性和生产率高的基础设施，获得的价值可以为基础设施升级提供资金。

　　2003 年 8 月 6 日，美国电力研究协会（EPRI）的理事会在报告中称，"……人们越来越关注电力部门的陈旧基础设施，劳动力和机构正在与 21 世纪的需求和机会脱节。投资的差距——无意中因为电力重组在管理上的不确定性而加强[1]——正在强加给人们一个数量相当大的可靠性成本，这个成本被视为仅仅是电力基础设施在容量、可靠性、安全性和服务挑战面前越来越脆弱问题的冰山一角"[2]。

　　2003 年 8 月 14 日，美国的东北部遭受了电力故障，这给美国和加拿大 5000 万名消费者造成了影响。

---

　　[1] 电力重组是用来描述这样一种情况的短语，即国家公共政策制定者要求拥有发电厂的投资者所有的公用事业（Investor Owned Utilities，IOU）将这些发电厂出售给其他参与批发电力出售竞争的企业单位，目的是国家强化电力竞争价格机制的形成、减少对电价制定的管制。电力重组曾经被称为解除管制。然而，虽然解除了对供给的管制，对价格的管制却没有解除。大量的州和联邦政策的作为（或者不作为），特别是在加州，导致了零售价格的大幅上涨，尤其是因为电力生产商以人为提高零售价格的方式操纵电网和经营他们的发电厂。加州的经济就是管理上的失败而不是真正的解除管制的结果。美国现在对发电采用的是管制和结构重组兼而有之的办法。费城被引用为一个最好的例子，在这里电力重组降低了成本。Electric Power Industry Restructuring Fact Sheet：www.eia.doe.gov/cneaf/electricity/page/fact_sheets/restructuring.html。
　　[2] 美国电力研究协会（EPRI）是一个非营利组织，它推动电力行业的长期研究和发展规划。EPRI 的成员代表了美国 90%以上的电力生产。国际上有 40 个国家参加到它的项目中。

2003 年 8 月 18 日《金融时报》的头版写道，"公众正在为电力升级埋单。能源部秘书（Spencer Abraham）警告说，500 亿美元账单的大部分将被转嫁到消费者身上"。接下来第 3 页的标题写道，"专家对电力故障并不感到奇怪，警示只是最近的警报"（Financial Times，2003）。人们需要能源供应投资，但是能源的公共成本应该降低而不是提高消费者的成本。

没有登上头版标题的是升级不可靠的、陈旧的用户能源供应生产和分配系统，如供热、空调和供水，需要几十亿美元。一个例子是高等教育设施负责人协会（APPA）。APPA 代表了美国和世界范围内来自高校的设施管理者。APPA 在 1995 年报告了高校被推迟维修的未交付订单为 260 亿美元（APPA，2008）。这个未交付订单的主要部分是升级公共系统所需要的，这个问题还没有得到解决。

美国需要新的电力生产和传输系统，还需要升级和扩大消费者供热、制冷、供水及其他生产和分配系统。这些需要不是问题，而是机会——很大的投资机会。美国现在可以将这些系统作为一个整合的投资进行升级，而不是采用将能源供应商生产和传输系统与消费者生产和分配系统以及建筑物最终使用进行分离的传统方法，我们将在第 3 章中描述这种传统方法。与对电力企业和消费者的能源供应系统分别进行投资从而损失利润和能源的传统方法不同，我们现在可以建设作为整合投资的系统，这样可以节省费用、获得利润并且不再浪费能源。

《金融时报》所预测的消费者需承担的额外成本不一定要达到几十亿美元。在近 20 年的时间里，消费者已经学会了如何通过将初级燃料供应、生产和分配系统进行整合来为资本升级提供资金，以及使用最终技术来发现能源的最低总单位成本。本书所讲述的案例都证明了如果我们选择转变到一个新的能源供应投资时代，在这里能源供应商、服务公司和消费者共同努力对有效的能源系统进行规划、交流、重建和运营，那么我们的机会是真实存在的。

认识到投资机会的关键是学会如何使用一个针对公用系统投资和风险管理的全面的、整合的方法，这种方法对能源供应商和消费者而言存在大量的经济效益。与采用零敲碎打的方法来升级能源供应系统相反，我们可以共同努力来将所有的能源系统需求作为一个整合的战略业务举措来重建和管理。

来自高校、机场、医疗中心、海军基地和全国范围内其他设施所有者的历史档案表明，使用全面的、整合的方法来设计和实施公用事业系统的运营和升级能够带来利益。在每个案例中，Btu 能量产出增加了，而能源的单位成本降低了。运营预算为能源和设备基础设施几百万美元的升级提供了资金，而没有增加运营成本，同时也提高了能源的可靠性。

2.2   信息技术

对于采用整合的方法来说关键是建立实时商业通信、决策和风险管理能力。这意味着对能够将时间敏感数据传送给涉及管理投资计划的所有人的信息技术系统进行整合。尤其是在能源世界，成本也许时刻在发生变化。技术和运营选择被构建在投资中，这使得当人们拥有实时的信息并根据市场价格信号和运营要求来打开或关闭设备时，他们就可以控制成本。

从能源供应投资中实现经济利益就要求使用基于网络的信息系统。基于网络的技术使得投资者可以看到因为设备的运行、成本和消费者需求的变化所产生的经济影响。由于能源供应和需求具有复杂和动态的特征，基于网络的技术对于所有利益相关者的管理和降低风险都是必要的。

2.3　相反的业务目标

在 20 世纪 80 年代，我被邀请到佛罗里达州的戴德郡建立能源管理办公室并为其提供指导，这个办公室是一个郡长新成立的部门。这个新办公室的主要工作是帮助各部门以最低的成本获得能够满足他们提供服务所需要的可靠能源。这意味着以最低的价格购买运营所需的最少能源。

我花了几个月的时间来确定这个郡的能源成本中有 3/4 是用于购买电力——每年大概是 6000 万美元。他们主要是从当地的公用事业部门佛罗里达电力和照明公司（Florida Power & Light Company, FPL）那里购买电力。FPL 的业务目标是以尽可能高的价格出售尽可能多的电力。

很明显，这两个业务目标是相对立的。每个能源供应的购买者都努力实现最小成本的目标。每个能源供应商都以更多的销量和更高的收入为目标。这个在业务目标上的差别就是我们为什么没有实现能源基础设施的效率和排放减少的基础。

2.4　不确定性

公共政策和法规已经给电力公用事业行业造成了很大的不确定性。从 20 世纪 70 年代到 20 世纪末，一直在改变的法规以及来自独立发电厂不断增加的竞争使得公用事业部门在任何时候都提供电力的义务成为一个不断变化的目标。需要多少能源储备来服务于广大消费者是无法知晓的。金融风险导致对发电厂和电网的投资实际上处于停滞状态。需求增长放缓了，环境要求提高了，燃料价格上涨了。

美国电力研究协会的董事会认为 21 世纪的解决方案是在供应商和消费者之间建立双向的通信系统。随着信息技术的应用和对分散的能源规划的整合，建立和管理能源供应的投资风险可以得到降低。

有意思的是，这个解决方案正是能源供应商和消费者为升级能源供应系统进行规划和投资的正确方法。

2.5　年老的优势

我们知道美国大部分的公用事业部门和消费者的能源供应系统都是陈旧的、效率低下的。可靠性和经济不确定性是双方共同面临的严重问题。这就是我们提出的升级这些系统、节省大量能源、用节约的预算为资本成本提供资金、获取投资收益以及大量减少温室气体排放的经济机会。

第❸章　能源供应系统

　　摘　要：作者通过将电力企业和消费者能源供应系统的组成部分进行分解以及解释将这些系统整合如何能够导致能源节约来对这些系统进行描述。作者提供了为什么能源供应系统以一种效率低下的方式被建设以及成本上升的背景。作者解释了竞争和管制问题，尤其是公用事业部门根据需求提供电力的义务，她说明了重建这些系统使其相互一致如何能够克服投资风险、带来效率和降低成本。

　　关键词：竞争；供应系统的组成部分；消费者供应系统；电力企业；提供服务的义务；管制

3.1　传统的能源供应系统的组成部分

　　一个能源供应系统有三个组成部分——初级燃料供应、生产和分配① 系统、建筑物或设施的最终使用系统。图 3-1 （能源系统）

---

　　① 本书将使用"分配"作为一个通称，而不考虑是电压还是体积，以此来表示将电力、热和冷却水的能量从生产源传输到建筑物所需要的所有设备。分配还表示对能量的传送和运输。

表示了这三个组成部分。注意这三个椭圆，它们将初级的能源燃料，生产/分配电力、供热和制冷系统，能源的最终使用和消费区分开来。能源效率的真正意义是从消费的每单位初级能源燃料中获得尽可能多的有用能量产出。为了实现能源效率，对能源系统组成部分的规划、投资和运营必须进行整合。

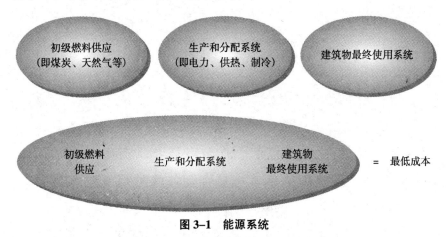

图 3-1 能源系统

能源初级燃料包括煤炭、石油、天然气、核能、太阳能、风能、地热、生物质、洋流/潮汐、燃料电池和其他初级燃料，它们也可以来自废物，既可以是液体的，也可以是固体的。这些燃料必须被转换（在大多数情况下被燃烧）以生产电力、热（也叫做蒸汽能源）并最终生产冷却水。电力、热和冷却水被认为是生产和传输/分配系统。这些商品（电、蒸汽和/或冷却水）的每一种都被消费以服务于最终使用——运行设备、灯光、家用电器，以及为建筑物供热和制冷。[①] 对初级燃料的选择，对用来生产和传输电力、热和制冷设备的选择，对生产/分配系统建在哪里的位置选择，所有这些都影响消费者承担的成本以及所消费的初级能源的效率产出。

美国尝试了减少消费并鼓励人们提高最终使用的效率，供热和

---

① 这个解释是一种简化的陈述。我没有忽视压缩空气和其他工业能，但是现在没有将这些包括进来。

制冷系统也被组合在一起以供最终使用。虽然提高最终用户的效率非常重要，但最大的能源消费者还是在电力生产中（在美国，由于垄断政策，最大的能源消费者是电力企业）。通常的做法是将电力视为一种初级燃料，但它不是。

　　能源效率的最大收益是通过提高电力、供热和制冷的生产和分配系统的效率获得的。在燃烧或者转换初级燃料以生产电力的过程中，初级燃料中 2/3 的能含量都变成了热并被发电厂扔掉。对效率的衡量方式决定了所使用的每单位初级燃料中有多少能含量在能源产出中得到实现。最好的结果可能是所消费的每单位能源的可用产出将尽可能接近初级燃料的初始 Btu 能含量的 100%。[①]

3.2　能源供应系统与所有权的确定

　　为了获得能源和成本效率，不仅要了解能源供应系统的组成部分，而且要了解是谁做出关于能源供应系统的各个部分的设计、位置和运营的决策。图 3-2——传统能源供应系统——描述了初级燃料如何被用来生产电力，然后电力被分配到家庭、企业和机构。废热散失到空气以及附近的水源中，初级燃料被燃烧从而在消费者所在地提供热能。

———————

　　① 电力企业已经对以天然气为燃料的联合循环发电进行了投资，这种发电方式能够达到55%的燃料效率水平。

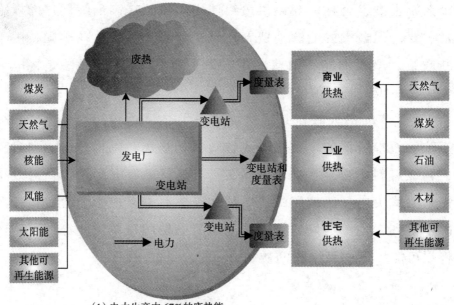

（1）电力生产中 67% 的废热能
（2）电力分配中 7% 的废热能
（3）燃烧额外的燃料来生产消费者所需的热能
（4）电能生产和分配的公用事业所有权
（5）供热和制冷系统的消费者所有权

图 3-2 传统能源供应系统

3.2.1 电力系统

煤炭和天然气为美国提供了 2/3 的电力生产。[①] 简单来说，这些燃料被燃烧来生产蒸汽，蒸汽推动发电机运转产生电力。电网将电力从发电厂运送到高压变电站，再通过输电线路运送到其他变电站。第二个变电站通过配电线、变压器和用户端电表的稳压器降低电压和功率通量。对于大多数居民、企业和机构用户，电力企业拥有用于生产、传输和衡量用户处电力的所有设备和设施。对于大型的机构和工业用户，如高校和工业企业，电力公司的电表可能被放置在

---

① 美国能源部报告中提到的美国政府的官方能源统计。能源信息署提供了按照能量来源划分的现有生产能力（2006），见表 3-1。

变电站。在这种情况下，用户将拥有变电站和电力传输系统。

表 3-1　按照能量来源划分的现有生产能力

能量来源	发电机数量	发电机铭牌容量	夏季净容量	冬季净容量
煤炭①	1493	335830	312956	315163
石油②	3744	64318	58097	62565
天然气③	5470	442945	388294	416745
其他气体④	105	2563	2256	2197
核能	104	105585	100334	101718
常规水电⑤	3988	77419	77821	77393
其他可再生能源⑥	1823	26470	24113	24285
抽水蓄能	150	19569	21461	21374
其他⑦	47	976	882	908
总计	16924	1075677	986215	1022347

注：①无烟煤、生煤、次烟煤、褐煤、煤矸石和合成煤。
②馏出燃料油（所有的柴油和 1 号、2 号、4 号燃料油）、残余燃料油（5 号和 6 号燃料油以及船用 C 级燃料油）、航空涡轮发动机燃料、煤油、石油焦（被转化为液体石油，见转化方法论的技术说明）以及废油。
③包括少数发电机，这些发电机以废热作为主要的能量来源。
④高炉煤气、丙烷气以及其他来自化石燃料的人造煤气和废气。
⑤由于水力发电机的升级以及过载能力，夏季净容量和/或冬季净容量也可能超过铭牌容量。
⑥木制品、黑液、其他木材废料、城市固体废料、填埋气、废污泥、轮胎、农业副产品、其他生物质、地热、太阳热、光伏能和风能。
⑦电池、化学制品、氢、沥青、购买的蒸汽、硫黄、从轮胎中提炼的燃料和各种各样的技术。
按照能量来源划分的生产能力是基于被公布为最主要（基本）的能量来源有关的生产能力，而发电机通常涉及不止一种能量来源。由于对各部分数值分别进行四舍五入，总数也许不等于各部分之和。
资料来源：美国能源情报署，表 EIA-860 "年发电机报告"。

　　能源供应合同（也就是你每个月的账单）说明了消费者购买电力的情况和费用。电力成本包括花费在建电厂、电网和贮存设备的货币，包括变电站、输电线路和其他能量运输以及测量设备（电表）的资本费用。使能量供应系统运转的燃料、运营、管理和维护成本也是电力成本的组成部分。

　　最后，由于要对电力供应系统投资进行评估，必须在总成本中将排放和废物处理包括在内。燃烧化石燃料、生物质和燃料渣而产生的环境排放成本没有被包括在消费者的成本中。在消费者支付的价格中没有考虑核废物处理的全部成本。而且，没有被包括在电力成本中的还有政府支出的用于研究的和为电力行业提供的其他支持服务的费用。

除了生产电力所燃烧的能量，能量还被用于开采、处理天然气、煤炭、核和其他燃料，并将这些燃料运输到发电厂。

3.2.2 消费者系统

在电力的消费者这一方，能量生产系统是由消费者设计、建造、运营和拥有的。一旦电力到达消费者的场所，位于消费者处的保险丝和断路开关就是安全装置。电流通过建筑物的配电板和电线流动到墙上的电源插座。所有这些对于维持冰箱运转或者打开电灯都是必要的。除了一些例外，消费者发电在传统上仅限于备用发电机以满足当电网发生故障时重要的运营需要。

消费者通常燃烧石油、天然气、木材和使用电力来生产用于制造、取暖、热水、消毒、空调和/或其他用途的热量。大多数的消费者在他们的家中和建筑物中拥有这些发电系统。消费者的能量生产和分配设备包括火炉、空调器、锅炉、制冷装置、管道、泵、电线、管道和其他设备。消费者分配系统运输电力、热水、蒸汽和冷却水到建筑物中，在建筑物中这些形式的能量被用来提供舒适的温度和光照、制造产品、运转设备、支持公共厕所、烹饪和其他服务。

由于中央发电厂的位置限制，消费者不能使用发电中产生的废热而且必须燃烧其他燃料（包括电力）来提供热和冷却能。

大中型消费者，如高校、大工业中心、大型零售中心、医疗中心、大型城市中心、军事基地和其他消费者可以将他们的生产系统合并成一个中央发电厂和地区能源系统，而不是在每个建筑物中拥有单独的供热和制冷系统。这些地区能源系统在中央发电厂生产蒸汽、热水或冷却水并通过管道将能量运输到若干个建筑物用于取暖、提供热水和运转空调。下面是图 3-3[①] ——地区能源系统。

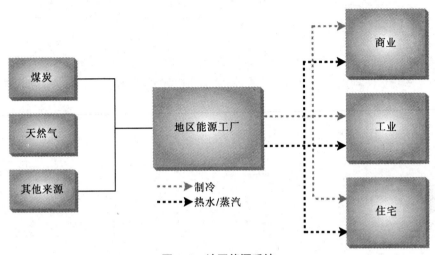

图 3-3 地区能源系统

通常，地区能源系统可以将消费者生产系统中使用的能量减少50%。如果每个建筑物都有自己的供热和制冷设备，那么一天内、一个月内以及一年内温度的变化经常会使得建筑物的设备在部分荷载的情况下运行。这意味着为了提供数量不大的供热和制冷，不得不运转大型设备。即使是最有效率的设备，在部分荷载时也是效率低下的。通过将多个锅炉和制冷装置安置在一个中央发电厂，在人们对供热和制冷需求比较低的时候就可以减少设备的数量，由此节约能源和资金成本。地区能源工厂经常拥有在价格和技术发生变化的时候改变初级燃料的灵活性。

一些用户拥有被称为热电联产（或冷热电三联产）的热电联供发电站（CHP）。被安置在用户场所的发电机被设计成可以通过地区能源系统使用发电中产生的废热来生产电力和热，为周围地区的建筑物供热和制冷。由于在发电源附近存在对热能的需求，热电联产

---

① 热电联供厂也被称为冷热电三联产——电力、热和冷被生产。

是可能的。工业过程有时通过使用高压废热进行热电联产从而生产电力。恰当地确定发电厂的位置来加热负载意味着电力生产的效率可以翻番甚至增至 3 倍。

由于所有的能源系统成本都是由用户承担的，用户对于确保所有关于设计、建造、安置、融资、运营和维护电力、供热和制冷生产以及分配系统的决定应该是整合的、有效率的最感兴趣。社会当然对于减少运行能源供应系统导致的排放感兴趣。

3.3 分 散

20 世纪早期的发电系统是位于小镇和市中心区的，在这些地方，发电产生的废热被分散给附近的住宅和企业用于取暖。发电和传输设备的技术进步导致大型发电厂的发展，这些大型发电厂被建在远离市中心区的地方。美国地区供热系统的发展衰落了，除了几个城市，如纽约市以外，电力企业任由地区系统衰败。

由于诸如 Trigen Energy Corporation（Trigen）[1] 这些公司的努力，一些以前的城市地区系统被整修，现在正为多个用户提供电力、蒸汽和冷却水。初级燃料的效率超过 70%。

我们现在的电力系统是在人们认为我们拥有"无限的"资源的时代建造的。中心发电站的建造表现为规模经济越来越大，单位成本越来越小。投资者不认为捕获废热在经济上是重要的。

到 20 世纪 70 年代早期，能源成本上涨，建造中央发电厂的经

---

[1] Trigen Energy Corporation 在全美国的主要城市有 14 个地区能源设备，这些设备运行的初级燃料效率超过 70%，见 www.trigen.com。

济性有所下降。按照设计，美国的发电厂不能充分利用初级燃料中所包含的能含量。由于电力需要传输很长距离才能到达用户处，所以会产生额外的损失，这通常被称为线路损耗。

局部暂时限制用电和停电的问题越来越多的是由于限制和与电网有关的问题。电力用户还可能忍受电力成本的大幅增加，这主要是由于发电机操纵电网。[①]

若电力生产位于远离用户设备的地方，废热就被浪费掉，用户的电力成本一定还包括被浪费掉的能源的成本。用户必须燃烧额外的燃料来生产热量和工业过程能量。更高的成本和更多的污染来自所有形式能源的燃烧。

3.4 有效率的电力基础设施的发展

对资源稀缺性的认知现在是一个共同的经济考虑。如果把环境污染成本考虑在内，那么成本将变得更高。

电力企业和用户供应系统需要被建造在这样一种设计中，即或者在用户的场所或者在地区能量配置中将电力、供热和制冷系统整合起来。图 3-4——整合的能源供应系统——表明了一个将供热和发电联合在一起的发电厂可以生产电力、热能和冷却能来提供给多个建筑物。

将电力生产的发展与用户的供热、制冷、热水和工艺系统结合在一起，可以使传输到用户生产/分配系统的电力生产所产生的废热

---

① 加州重组电力生产给予某些生产者一种战略能力，这种能力以给用户造成高电力成本的方式来限制生产。在圣地亚哥等地区，生产者可通过影响价格的方式打开和关掉电力生产。这被称为"操纵电网"。

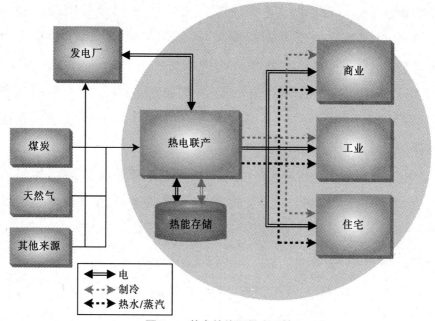

图 3-4 整合的能源供应系统

得到利用。废热可以替代不得不使用其他燃料所生产的热能和冷却能。这使得用来生产电力的初级燃料中更高比例的 Btu 含量是有用的能量。此外，减少化石燃料的燃烧会减少温室气体的排放。将热电联产与地区供热和制冷系统整合起来可以进一步提高能源效率。

　　将能量商品的生产和分配进行整合并不意味着不需要单独的电力生产。然而，在当地发电可以减少对新的中央发电厂投资的需要，并为更大规模地使用可再生燃料发电赢得时间。

3.5　阻碍供给方的效率

　　1978 年《国家能源法案》鼓励被称为热电联产的综合供热供电发电厂的发展。不幸的是，从那时起，电力企业所做的主要是阻碍这部有重大意义的法律。其他书籍已经详细叙述了美国阻碍热电联产发展、与公用事业部门交易的内情。现在只说公用事业部门不想要电力生产的自主所有权就够了，因为它会导致竞争并剥夺他们的控制和利润。由于本书介绍了能源基础设施投资，读者将认识到公用事业部门通过与用户协力合作来创造可靠性和能源效率可以获得更好的利润。

3.6　需求高峰的高成本

资源稀缺只是电力成本增长的一部分。传统上，电力企业被要求在任何用户需要能源时为其提供服务。电力企业"提供服务的义务"意味着它不得不生产足够多的电量以在任何时候满足用户的负载要求。高成本与需求高峰直接有关。

供热和制冷所需要的能源经常是季节性的。价格受到用户对电力的需求发生在一天的哪个时刻的影响。例如，电力被用来使空调工作，在需要多少电力方面，空调具有季节性的波动。在电力需求上，空调每天也会有变化。

图 3-5——购买电力的使用成本——表明了 1997 年 1 月和 1997 年 7 月购买电力的每小时使用成本。注意对电力的季节性需求有很大的不同。7 月份需求高峰期时成本是每小时 1400 美元，1 月份为每小时 600 美元。更高的价格是因为电力企业不得不提供非常短时间的电力来满足用户的空调负载。

在一天的大多数时间里，用户的电力需求是相对稳定的。设备运转、天气和其他因素可能导致需求大幅度提高。供应商必须满足用户的高峰需求，但是在一天的其他时段，发电机可能是闲置的。

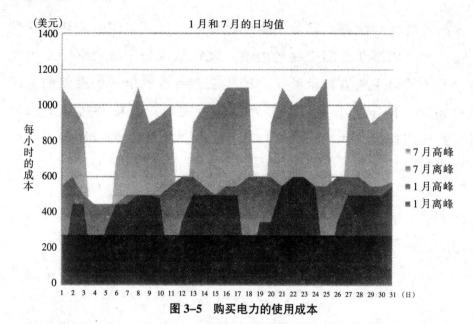

图 3-5　购买电力的使用成本

　　用于空调的短期高需求显著增加了建更多发电厂的需要。为满足短期负载需要的额外生产能力，成本必须被分摊给所出售的更少的能量单位。因此在系统高峰时单位价格更高。[①]

　　来自地区系统的废热也可以被用来为空调设备提供燃料。为了选择最有效率的发电和制冷设备的组合来满足用户用电和空调负载的需要，必须恰当地勘查电力和冷却水的使用情况以及单位成本，并将这些情况传递给系统操作员。

　　勘查用户用电在一天中不同时段的成本有助于确定电力、供热和制冷的单位成本。准确而实时的数据有助于购买和运营能源系统的人选择合适规模的设备并了解如何操作和运行这些设备以使它们彼此协调。存在信息技术来为这项工作提供支持，但是由于可觉察到的资金限制，信息技术很少得到使用。

---

　　① 大多付电费的人没有电表来体现出在一天的不同时刻电力成本的不同，而且电费也不以使用电量的时间为基础。用户既不了解也没有动力在成本高的时候减少用电。

图 3-6——地区制冷用户需求概况——是从国际地区能源协会网站上摘录的（International District Energy Association，2007）。这个图表明了在俄亥俄州的克利夫兰由于引入地区制冷系统而导致的电力需求的变化。该项目不仅取代了对两个电制冷机的需求，而且降低了其电力需求的高峰影响。电力企业可以通过避免建造发电和传输能力来满足高峰时 700 千瓦的负载。此外，电力企业可以每时每刻出售 800 千瓦的电力，从而将其发电厂的产量价值最优化。

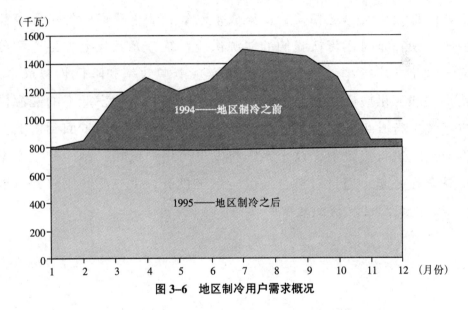

图 3-6　地区制冷用户需求概况

尽管电力企业仍然需要在用户的设备出现故障、需要维修时为他们提供服务，但是拥有大量的用户并将维修计划进行协调，将降低与供电中断和维修有关的风险。

利用废热和其他技术来满足季节性和短期的空调负载可以帮助电力企业避免建立更大的只在一部分时间运转的发电站。此外，拥有小一些的离用户近的发电机（被称为分布式发电）减少了电网的负载。

3.7　回到未来

对一个整合的能源供应进行投资就是承认资源稀缺性，资源的稀缺性使得人们需要投入越来越多的能量来获取可用的能源。能源生产的低效率及与之相关的污染成本已经影响了我们的经济和身体健康。现在是时候承认我们的能源供应系统，尤其是电力生产和分配系统是非常效率低下的了。为了实现能源效率和降低投资成本，用户和能源供应商必须通过合作将他们陈旧的、效率低下的能源供应系统进行升级。资源稀缺性已经将我们带了一圈又带回到对能源供应系统进行投资上，这个系统将发电与用户供热、制冷和生产系统整合在一起。通过对整合的供应系统投资，供应商和用户都可以从提高的可靠性和资源效率中获益。

第❹章 资金问题

摘　要：供应商和用户所看到的用来支付能源供应系统资金的高额投资价格导致了一种提供资金的做法：零打碎敲的方法，这种做法中止了获得效率和实现更低成本的机会。作者介绍了本书的中心主题——如何为能源系统和消费系统的升级和扩张提供资金、降低能源成本和排放、获得利润。

关键词：资金成本；为能源供应和用户系统提供资金；资金问题；利润

4.1　零打碎敲的方法

能源系统的设计、建设、运营和维护及其更换在传统上是用零打碎敲的方法完成的。能源的产生、运输、生产/分配以及最终使用部门的创建和运营都是各自独立的。不仅每个部门为不同的实体所有，而且在每个部门内部，选择、获得、运行设备的各个部件以及购买燃料的决定每次都是一个一个做出的。

例如，一所大学需要更换一个新锅炉来为校园的建筑物提供充足的热量，通常是由电力企业的工作人员来对锅炉的大小、运转锅炉的燃料类型、锅炉在校园的安放位置以及操作要求提出建议。设计工程师、采购、融资、资金规划和其他工作人员在选择、安装和操作设备中发挥他们的作用。这些由各种工作人员发挥的作用经常独立于操作人员而且彼此之间独立。最终，所有关于购买和运营锅炉的费用都没有得到协调并失去控制。

试图独立于其他基础设施需求来解决锅炉问题增加了成本和运营问题。为了实现最小成本和最高效率的目标，对于锅炉的类型、尺寸、燃料类型及其操作的具体要求应该与电力和其他系统的变化一起考虑。如果电力生产的位置与大学的蒸汽需求距离很近，那么这些需求可以使用废热。使用废热可以大大改变对锅炉的要求并影响蒸汽的价格。本书的大部分内容将说明能源系统投资的一个整合方法的重要性和价值。

4.2　没有钱！

当我第一次到达戴德郡来创建一个能源管理办公室时，我问道，该郡是否已经调查了其建筑物以确定能源效率和/或其他节省成本的方法。得到的回答是没有。这个郡还没有对其建筑物做能源调查。因为没有钱来为所需要的改变提供资金，工作人员不想通过打印报告来使这个郡难堪。

我最初的反应是为什么要创建一个能源管理办公室？我认识到这个办公室的真正使命是为建筑物的升级提供资金而不需要去郡行政机构申请新的拨款。能源办公室的工作人员开展工作来创建融资项目，从而通过能源和维护方面节省的费用来为项目自身支付。在预算、财务和计算机服务办公室的帮助下，自动的电力账单会计账目、循环的投资资金、一揽子租赁融资和以私人部门业绩为基础的融资得以建立。百万美元的项目得到实施，这些项目用电力账单的节省资金来为新的屋顶、冷却设备、照明和其他资金需求支付费用。

最好的一个案例就是与一家能源服务公司签订的合同，这家公司对这个郡的 7 个建筑物投资了 100 万美元，而能源节省的资金由这家公司和这个郡共同分享。我们将 7 个建筑物进行更新，减少了它们的预算。在能源成本中得到的节省资金不仅支付了设备和新屋顶的费用，而且这个郡收到了额外的节约资金来减少其预算成本。唯一的差错出现在两个监狱的设备中，尤其是戴德郡的主要监狱。由于当时监狱人口过于拥挤，控制监狱混乱的办法是通过降低温度使这些监狱寒冷。很明显，这增加了空调的电力使用。因为这种情况对于服务公司来说是不公平的，这个公司依赖减少能源预算来获得利润，这个郡最终向服务公司支付了其投资费用并承担了从能源节约中为设备支付费用的金融风险。

我在能源领域工作的 25 年中，受雇来帮助能源用户找到为其基础设施升级支付费用的方法。大多数公司将基础设施的升级称为被推迟的维护。但是通常，这超出了被推迟的维护的范畴，而是找到资金来为能源和供水系统的扩张提供资金。我的客户清楚，对更有效率的设备进行投资能够创造能源预算的节约，但是他们不知道他们能够获得财务经理多大程度的支持，以及如何获得这种支持来做出可以从运营预算的节约中为它本身支付费用的投资。

除了陈旧的能源系统所带来的压力，设备经理还想要能够控制他们每年的能源成本。拨出的用来支付能源账单的预算经常不够支付全年的费用。如何控制能源成本是一个主要问题。

关于缺乏资金的真正问题是用户是否愿意将自己的钱投资于能

源供应系统。2006 年 10 月，Claudia Deutsch 在《纽约时报》中发表报告称，像通用汽车、Alcoa、Whole Foods Markets、Staples 这样的公司以及学区和市政当局除了其核心业务外，不能为大规模的资本投资提供支持（Deutsch，2006）。尽管人们认为对能源效率和可再生发电进行投资是重要的，尤其是考虑到气候变化，但是大量的能源基础设施投资将不会得到资金。

4.3　财务负担还是投资机会

本书的中心主题是如何为能源供应和消费系统的升级和扩张筹集资金。来自美国所有家庭、机构和企业的人们的大声疾呼表明能源系统的所有部门都是陈旧的、不可靠的、效率低下的。电力企业的停电和不能满足需要的天然气供应系统正在越来越频繁地出现。用户报告称他们的锅炉是陈旧的，水压不能满足防火的需要，建筑物的供热和制冷系统是陈旧的、不能满足需要。生命/安全对于医院和大学而言经常是一个问题。拥有陈旧的生产/分配系统的企业缺少竞争力。甚至美国政府都颁布命令要求军队所有的分支机构将他们的基地公用事业系统出售给私人公司，这样他们就不用为满足基地公用基础设施的需求而筹集几十亿美元的资金。

每个人都声称他们没有钱来从事主要的升级和维护工作。当可以得到钱时，人们就零打碎敲地进行投资。公用基础设施成本被看作是一个财务负担，需要更多的钱。机构和企业决策者认为他们必须把钱从他们的主营业务中转移出来从而为维护工作提供资金。"让我们把稀缺的拨款用于教育，希望锅炉能够多坚持几年。毕竟谁会想要为了将名字刻在锅炉上捐赠钱财呢？"但是我们都想因为降低运营成本和挽救生命而得到承认，而系统升级将可以做到这些！

通过与几十所大学、医疗机构和其他用户以及代表了美国太平洋舰队近乎 2/3 的海军基地一起工作，笔者发现能源供应系统的效率升级可以为基础设施的升级支付费用而且运营预算可以降低。如果能源供应商愿意与用户合作对能源效率的全部潜力进行投资，那么他们有潜力获得比他们建造发电厂和出售电力所获得的大得多的回报。下面的章节将讨论获得的回报将会是多少。

4.4 总 结

可以看到人们对拥有陈旧的、效率低下的能源供应系统的普遍看法是这种情况是一个大问题。用户和能源供应商已经开始采用修修补补、一次解决一个问题的筹资策略。人们只对更换陈旧的供应系统进行了有限的投资。对用户供热和制冷系统升级进行投资的高额资金成本使人们对筹集资金丧失了信心。

在新能源供应投资时代，机会的核心内容就是将陈旧的、效率低下的电力、供热和制冷生产和分配系统升级，并将负载作为一个整合的系统进行平衡。只有那时，我们才能获得最大的 Btu 能量价值和单位成本控制。只有那时，通过效率和整合的能源供应系统管理实现的成本节约才能为投资支付费用并获得回报。

让我们了解一下怎样使这些情况发生。

PART **2** | 第 2 部分

开展业务的
一个不同方式

第❺章 能源供应投资计划方法论

摘　要：为了建立和保持能源供应商与用户之间的业务关系，作者建立了业务规划、通信和评价过程。作者为读者提供了一个详细的 5 步骤方法论来说明如何制订一个整合的能源供应业务投资计划，并与一个具有可供选择技术的、实施、融资和所有权选择的现状计划进行比较。作者使用 Opportunity Assessment™ 金字塔结构和 Opassess 软件应用来帮助读者将所有假设进行分类，这些假设必须被包括在具有完整生命周期的投资计划中以及做出合理的业务决定所需要的过程和报告中。在马里兰大学科利奇帕克分校、伊利诺伊州立大学、爱荷华大学和国防部经历的一些趣事提供了规划过程的实质内容以及用户和能源供应商都能从整合的投资中获得经济利益的证据。

关键词：可供选择的技术；假设；基准线；业务规划；通信；评价过程；业务关系；能源供应投资计划方法论；经济利益；实施；投资机会；生命周期；Opassess；Opportunity Assessment™；所有权；实时；报告；软件应用

5.1   信任和合作

为了建立和保持电度表两端的能源供应投资，供应商和用户必须彼此信任并对合作采取开放的态度。一个标准的能源供应投资方法论必须得到采用。所有的利益相关者不仅应很容易地了解构成业务投资计划的假设，而且应能够看到随着时间的推移那些假设的变化所产生的影响。

在进行一项投资做出决策之前，必须确定如何为所有达到性能要求的设施和设备建立具体的设计方案。必须确定生命周期投资成本和收入来决定如何支付投资，以及与其他投资方案相比该投资的价值。投资计划还应该有关于谁将实施投资、谁为投资提供资金以及谁拥有投资的假定。税收问题也许会起作用。要对运营和维护成本做出预测。

为了回答所有与进行投资决策有关的问题，就需要制订一个详尽的计划。利益相关者——供应商、服务供应商、投资者和用户——就方法论和关于他们的哪些能源供应系统将被整合、升级、运营、维护、筹资和所有的假定达成一致。此外，他们必须就如何分享利益以及谁来管理风险达成一致。

成功的业务投资是通过谨慎的、清晰的业务规划来实现的。此外，确定业务规划哪个领域有可能出现变化并更新，以及衡量对总投资计划的影响是非常重要的。给定能源市场的动态性质，如果没有能力看到假设的变化产生的影响，保持能源基础设施投资的经济价值是不可能的。

正如在第 4 章中提到的，用户能源管理经理知道将电力和供热相结合的效率，但是他们不具备用来说服财务经理和其他决策者同意进行大型能源基础设施投资的信息，在这种投资中债务可以以新设备的性能为基础得到偿付。用户不是能源供应投资方面的专家，他们也许因为不具备管理与基于性能的投资有关的风险的能力而使他们的工作处于风险中。

相应地，电力企业会因为缺乏关于预测用户未来会有什么需求的信息而气馁。存在许多建立独立于电力企业的能源供应系统的选择方案。因此，电力企业避开对新供应系统进行投资。在垄断的情况下，电力企业有义务在任何用户需要电力时提供服务，电力企业害怕没有足够的生产能力为这些负载供应电力，但是他们也许不能预测这会在什么时候发生在什么地方。许多大型用户，尤其是工业用户，已经建立了他们自己的能源供应系统并减少或消除了从当地电力企业购买电力的需求。一些州已经通过了法律允许用户从不同的供应商那里购买电力。自从 20 世纪 70 年代以来，在美国建造的中央发电厂和分布式系统非常有限。致力于建造大型发电厂的风险非常大。

获得有效的能源供应投资决策和降低管理风险的解决方案是通过合作建立信任。建立有效的能源供应系统的技术和知识对于能源领域的专业人士来说不是新的思想。没有采取行动来实现能源供应效率主要是因为缺乏通信和实时信息所导致的缺乏信任。随着能源基础设施投资计划得到解释，风险以及使用基于网络的工具来控制风险的重要性变得清晰了。

本章及第 6 章详细介绍了实现建立、运营和维持有效能源供应系统的合作所需要的方法论和信息系统。之后的章节将讨论为了实现有效能源基础设施而需要改变的文化的、法律的和管理的障碍。

5.2　基本的业务规划

在 20 世纪 80 年代，与戴德郡能源管理负责人一样，我全身心投入与热电联产发电厂和地区制冷系统项目有关的业务和管理问题中。热电联产发电厂向戴德郡商业区政府中心的 5 座政府大楼以及迈阿密运动场提供电力。

这个经历教会了我关于能源供应开发尤其是财务报价单、① 发电厂业务结构和风险管理的相关知识。更重要的是，它为由于没有将效率作为业务目标所可能导致的财务灾难提供了更多的证据。承包商在戴德郡政府中心最终选择和安装的发电机对于该郡设备的电力和热力需求来说太大了，没有从天然气中获得最大的能源价值来有效满足戴德郡的电力和热力需求。

吸取的教训还包括我接触到的电力企业对政治和管理领域施加的令人难以置信的影响。我永远不会忘记一个重要的热电联产议案将要抵达佛罗里达众议院能源委员会的那天。该议案将促进佛罗里达州规模比较大的郡的磷酸盐和制糖等行业的热电联产和能源成本控制。将该议案提交给委员会成为了与佛罗里达州电力企业进行的漫长的、激烈的斗争。我在会议开始前与委员会主席商谈，他让我到他的办公室坐下。他向我吐露心事说，他不能再为这个议案提供支持，他需要考虑退休之后的事情。试想如果公用事业企业与用户协力合作将能实现什么！

---

① 这是一种类型的财务报表，它有一个或多个成为数据一部分的假定或假设的条件，经常与资产负债表和损益表共同使用。来源：www.investor-words.com/3889/pro_forma.html。

1990 年，我开始与一家名为 Kenetech 的私人部门公司合作。Kenetech 及其子公司从事开发独立电力项目的业务。这些项目包括建造以风、木材废料和其他可再生能源为燃料的发电厂。该公司还对用户能源效率进行投资，并在用户场所安装发电设备，由此废热可以被用来为满足用户的能源需求提供动力或者用来发电。Kenetech 效率和热电联产公司从为用户创造价值中赢得利润。他们为用户提供效率改进并确保能源预算得到节约。尽管几年后我选择离开 Kenetech，但这个经历有助于创造一个业务投资方法论，该方法论是整合的方法规划过程的基础。

我的能源供应投资知识在 Mission First Financial （MFF，也叫做 Edison Capital） 那里接受了考验。我们将发电厂的开发与用户能源供应系统的开发结合起来应用于医院、高校和企业。与 MFF 的姊妹公司 Mission Energy （也叫做 Edison Mission Energy） 的讨论对于能源供应业务规划方法论包含一个标准的能源供应投资规划过程提供了更多的支持。通过将建造发电能力的业务决策与用户能源供应系统相结合，该方法论将所有的能源供应系统——初级燃料、生产和分配系统以及最终使用——进行整合，并寻求获得最小的 Btu 单位成本。

这个整合的方法通过使用一个金字塔式的、被称为 Opportunity Assessment™ 或者 OA 的规划方法论发挥作用。介绍这个方法论的目的是表明能源供应业务规划如何就是基本的业务规划。它还表明了使所有的技术和财务方面的专业人士参与到规划、通信和做出决策的过程中的必要性。尽管我列出了能源和设备方面的术语，但读者并不需要熟知所有这些工程术语和公式来理解能源供应投资规划过程。

5.3 规划过程从哪里开始

为了获得低成本、可靠的能源，用户和供应商必须首先了解通过对在靠近能源被使用的地方或就在能源被使用的地方发电进行投资能够获得的经济利益。而且，需要对初级燃料——天然气、煤炭、阳光和其他燃料——的选择进行评估以获得最低的能源单位成本（资本、能源、经营和管理），满足最终用户的需要。最优能源成本必须考虑用户场所整合的电力、蒸汽、冷/热水生产和分配。用户负载管理和燃料转换技术被包括在投资计划中。然后支持用户服务所需要的额外电力的数量可以被确定并被整合到电力供应商的中央发电厂的生产和传输系统策略中。

5.4 组成部分

建立一个能源供应业务投资规划很像一个搭积木的游戏。随着我们将积木堆起来，上面的积木就不稳定。如果我们从下面移走一块积木，上面的积木就可能掉下来，而整个金字塔可能坍塌。如果投资者不提供管理他们的能源供应系统所需要的支持，投资计划可能是非常不稳定的。不稳定性，也就是投资者所称的风险，在很大程度上，因为给予业务规划所涉及的所有人机会来提供他们输入的信息，并且在计划中的假设出现改变时就这些改变进行通信而得以减轻。下面的章节将讨论通信和风险减轻可选择的方案。

5.5 OA 方法论

下面所示的图 5-1——Opportunity Assessment™ 方法论——介绍了能源系统业务规划的 5 个阶段。这个 5 层的金字塔反映了能源投资计划如何自下至上建立起来。正如我们对 OA 方法论所做的解释，这里介绍了一个基于网络的数据输入的格式。被称为 Opassess 的基于网络的工具清晰地说明了需要被包括在金字塔每个方框中的重要数据。

图 5-1 Opportunity Assessment™ 方法论

资料来源：Solmes, Leslie.《整合的能源系统：可靠性和最小的 BTU 成本》。Barney Capehart 编：《能源工程和技术百科全书》，Taylor and Francis，2007。

金字塔的底部，尤其是第一层和第二层，以基准线假设开始。大体上，基准线以建立一个基准年开始。通过对设备的预期增长以及与增长和历史趋势相关的成本增加进行预测，用户可以得知如果他不进行新的投资会导致什么成本出现。另外，还可以得到与设备生产能力相关的需求增长。

第三层和第四层中的可供替代的公用事业设备选择、运营策略、燃料成本、实施、融资和所有权假设极大地受到更低层次中假设的影响。第四层中的财务假设必须与第一层中所规定的目标相一致。金字塔中任何一层的信息不准确都会降低在金字塔顶层所生成的报告的准确性。

5.6　第1步——基准线

5.6.1　一般设备描述

在任何医生的办公室，我们被要求做的第一件事就是向医生提供信息。我们需要填一张包含我们的姓名、地址、电话号码、年龄、身高、体重、以前的身体情况、过敏反应、家族病史、当前的药物治疗以及其他信息的表格。金字塔中的第1步与此类似，只是需要提供的信息是关于住宅、公司或通常作为设施为人们所了解的机构。

金字塔的第一个组成部分是设施的一般描述，图5-2对其进行了说明。

用户提供了他的姓名、地址和其他信息，并且告诉我们有关正在被检查的财产的情况。企业财产被称为设施。设施可能是一个单独的建筑物、像军事基地那样并排在一起的多个建筑物、高校校园或工业综合体，或者在一个地区像许多个银行那样没有并排在一起的多个建筑物。作为设施组成部分的建筑物可以是任何类型的建筑物，包括体育场、变电站、化学大楼、住宅走廊、办公楼、公寓、住所等。

第 1 步——方框 1

设施描述		当前系统	潜在效率改进
基准年		自发电	冷却装置升级
设施使用		中央蒸汽	自发电
城市		变电站	变排量抽水
州		直埋分布	高效率发动机
建设年份		中央 DDC 系统	热能存储
总面积		冷凝水回水	节约装置
建筑物数量		中央冷却水	集中的系统
CFC 描述		电力分布	运营
IAQ 描述		综合管沟	锅炉升级
舒适性描述		压缩空气	VAV 转换
代码描述		备用发电	照明
其他描述		辅助计量	冷凝器升级
● 包括对环境的考虑			控制设备升级
● 确定现有系统			分配升级
● 确定潜在/现有效率			重新投入运作
			负载管理

图 5-2 设施的一般描述

随着我们着手开发建筑物的信息，建筑物的规模、年限和数量、运营时间以及其他基本信息将被加进来。注意，除了确定设施并提供基本信息之外，规划过程要求确定一个基准线年份。该基准线是设施在一个历史年份中看起来是什么样子的大致情况，通常是完整数据可以获得的最近的整个财年。成本、设备、运营、预算和其他与基准年份有关的假设是进行未来投资的各个选项加以比较的数据。

就像医生的办公室，我们想要知道任何现有的有关操作和环境的问题。是不是存在室内的空气质量、渗漏的管道或设备故障的问题？出现了什么操作变化？用与身体有关的话说，我们可以打网球或限制饮食。用与设施有关的话说，我们有一个在建的新化学实验室和 20 个新租户。用简单的话说，我们想要知道财产的物理特性以及现在在发生什么？

作为开始的一步，指出存在于设施的一些现有系统是重要的。例如，随着规划过程的发展，拥有一个现有的生产蒸汽的中央发电厂可能会导致对热电联产的投资。

图 5-2 中的第三列是将设施专业人员已经确认或已经实施的潜在能源效率措施进行分类。这些措施不仅应该得到测试，而且应该被用作制订投资计划的一个指导原则。

尽管本书所使用的例子针对大型设施，但你要认识到能源供应投资规划对于你的住所或企业也是适用的。同样的规划过程都是适用的。

5.6.2　业务目标

第 1 步　1. 一般设备描述　　2. 业务目标　　3. 设施预算　　4. 增长和增加率　　5. 税收信息

当我们坐下来看医生时，我们跟医生说我们想要赢得下周举行的一场网球比赛，但是膝盖疼，我们很担心膝盖不起作用了。我们需要赢得比赛来支付抵押贷款并为未来 3 个月的家庭生活获得资金。很明显，我们获得了医生的关注。更重要的是，我们已经陈述了我们的目标以及这个目标的重要性。

为了回答第 1 步中的第二个方框，我们需要知道为设施所计划的业务目标。一个业务目标可能是在 5 年内将产量的规模翻番。噢，顺便提一下，我们没有钱来支付更换和扩大空调系统的费用，因此我们的业务目标是购买和安装新的空调设备但是不增加年度预算。我们需要一个新的供水管但是没有额外的资金。我们想要将能源预算减少10%，这样我们可以雇用更多能胜任的员工。是的，我们的空气排放不能满足当前的环境标准，因此我们不能允许增加新的设备。我们不想招致任何新的财务风险。

在开始制订投资计划之前掌握这些背景知识将为计划投资策略提供指导，尤其是选择设备的方案、运营和维护以及实施。下面的图 5-3——业务目标——列举了推动技术和财务选择的业务目标的例子。

第 1 步——方框 2

(1) 升级现有的基础设施和中央发电厂。
(2) 用当前的能源运营预算升级陈旧的基础设施。
(3) 确保长期能源运营预算的上限。
(4) 尽量减少融资成本。
(5) 实现表外账户。
(6) 有效维持并改善债务期内的投资业绩。
(7) 拥有业绩保证。
(8) 将资本拨款转至非能源相关的项目。
(9) 使实时能源测量和财务信息管理系统自动化。
(10) 以最低单位成本购买能源。
(11) 实现可靠的能源供应。
(12) 改善环境和舒适条件。
(13) 确保能源采购和增长的灵活性。
(14) 实现最低的生命周期成本。
(15) 控制财务和运营风险。
(16) 坚持设施的任务及其社区的、经济的、社会的和环境的责任。
(17) 在两年内将设施投资翻番用于被推迟的维护和能源升级。
(18) 遵守规则。
(19) 使系统完全投入使用。
(20) 确保维护工作人员、培训和标准。

图 5-3　业务目标的例子

5.6.3　设施预算

第 1 步　| 1. 一般设备描述 | 2. 业务目标 | 3. 设施预算 | 4. 增长和增加率 | 5. 税收信息

设施预算是在基准年开始时划拨出来的用来支付运营和维护设施费用的货币数量。在整个预算内，要购买电力、天然气、燃油和/或其他需要的燃料来满足设施要求的项目。此外，用来支付水、废水、废物处理、员工管理、维护、清洁和其他运营和维护成本及资金的拨付经费是基准年预算的组成部分。在规划的这个阶段，按照标准考核服务供应商并且为每种能源燃料评级是重要的。

设施经理经常想用实际花费的数额而不是在预算中拨款给基准年的数额来代替预算，这是很有趣的。由于我们尝试说服财务决策者来批准将会减少预算的投资，正确的数字是那些在预算中拨款给基准年的数额。

5.6.4 增长和增加率

第1步 1.一般设备描述　2.业务目标　3.设施预算　4.增长和增加率　5.税收信息

完成增长和增加所需要的信息是受过良好培训的推测和常识的结合。我们已经回答了设施中包括什么建筑物、设施的长期业务目标是什么，并且已经确定了一个基准年预算，从这个预算中可以计算未来的预算要求。现在我们需要确定在业务目标的基础上会出现什么样的年设施能量使用的变化。这意味着如果我们在明年给建筑物新添一座配楼，在5年内将纸的产量翻番以及在7年后计划将建筑物拆除，这些业务目标的能源影响需要在这些事件发生的年份中体现出来。

预算成本的增加需要与业务目标一致。例如，如果新的医院配楼正在建设中，那么能源成本将会增加。业务目标表明在未来两年中设施的运营预算没有增加，因此公用事业的年预算增加必须为零。我们有一个承诺年预算增加3%的劳动合同，这必须体现出来。

因为我们正在制定一个业务规划，我们还需要设定一个通胀率。货币的价值将会随着时间改变。如果我们想要评估业务投资可供替代的方案、运营变化和其他选择，我们可以把这些投资与其他投资方案进行比较，这样我们能够获得最大利益。

为了预测在与所有可供选择的投资方案进行比较而没有进行投资时，运营和维护设施的成本和节省的费用，有必要在业务目标的基础上预计能源需求的年增长。基于业务目标的电力、蒸汽、热和/或空调需要的年增加或减少都是什么？

此外，为了增加或减少电力、天然气或其他能源商品，必须对电力、商品、水、维护、预算增加的成本增加假设进行预测。其格式可能看起来像下面的图5-4——消费增长率/成本增加百分比。

第1步——方框4

消费增长率	设施：								
	商品：		电力		蒸汽/热		冷却水		
每年1%	每年2%	每年3%	每年4%	每年5%	每年6%	每年7%	每年8%	每年9%	每年10%
每年11%	每年12%	每年13%	每年14%	每年15%	每年16%	每年17%	每年18%	每年19%	每年20+%

成本增加	电力		天然气		燃油		煤炭		其他燃料
百分比	水		运营和维护		通货膨胀		预算		
每年1%	每年2%	每年3%	每年4%	每年5%	每年6%	每年7%	每年8%	每年9%	每年10%
每年11%	每年12%	每年13%	每年14%	每年15%	每年16%	每年17%	每年18%	每年19%	每年20+%

图5-4　消费增长率/成本增加百分比

注意，商品那个方框的增长率要求提供为每种商品——电力、热和冷却水——所计划的每年增长的数据。第一年是基准年后的那年。增加那个方框要求用户提供适用于设施的每次能源采购的成本增加百分比的数据。这些可能包括：电力、天然气、燃油、煤炭或其他燃料。另外，还要对水、通货膨胀、运营和维护以及预算的成本增加做出预计。

在制订投资计划时，对年能源成本增加的预计经常是风险最大的领域。试图对一个长达 20 年或时间更长的投资的整个周期的能源成本进行预计几乎是不可思议的。第 9 章（风险评估）将讨论降低和管理这种风险的方法。

5.6.5　税收信息

金字塔底部的第五个方框——税收信息——想要了解你是否是一个应纳税的机构。政府、教育和其他机构通常不纳税。其他机构和个人通过资产折旧和其他税收抵免找到减少税收负担的方法。税收状况经常对业务规划产生重要的成本影响。如果税收状况不适用，就不应该包括这个信息。然而，美国的税收法律经常给予拥有能源供应设备的私人公司折旧利益。一些投资可能会由于拥有可以利用这些税收优惠的私人部门合作伙伴而在经济上受益。图 5-5 是一个可能适用的一些设施税收和支付信息的例子。

第 1 步——方框 5

设施	
联邦税率百分比	
州税率百分比	
州汽油税率	
总收入税率	
营业收入税率	
营业税率百分比	
财产税率百分比	
财产课税标准	
财产课税限额	

图 5-5　设施税收和支付信息

5.7 第 2 步——基准线能源使用、成本和设备

金字塔的第 2 步是基准线能源数据的第二个阶段。它将三个大方框放在业务基础上。这些方框将基准年设施的能源、设备、运营和维护状况、消费和成本加到基本业务规划中。当第 1 步提供了设施业务状况时，第 2 步建立了设施的技术状况。随着规划过程继续进行超过了基准线阶段来比较新投资的可供替代方案，新项目将得到确认，而且第 2 步将做出变化来反映新设备和能源状况的特点。

5.7.1 基准线能源使用、需求和成本

Opassess 为基准线能源使用、需求和成本提供了数据录入说明。图 5-6 和图 5-7 是说明如何在基准年购买初级燃料的例子。如果设施生产用于基准年消费的电力、蒸汽和/或冷却水，就要为每种商品提供有关能源和成本所需要的重要信息的说明。

为了完成前两个表格，图 5-6——燃料购买和图 5-7——电力购买收集了基准年的所有设施能源账单，并详细记载了每月用掉的电力、天然气或其他燃料的数量以及每月的成本。对于电力，需要提供需求或最大千瓦使用量。

第2步——方框6

	初级	天然气	二次	燃料	其他	燃料	水	
供应商								
联系人			天然气　　丙烷					
电话			2号燃料　水					
传真			4号燃料　柴油					
电邮			5号燃料　蒸汽					
			6号燃料　其他					
			煤炭					
	成本（美元）	MM Btu	成本（美元）	MM Btu	成本（美元）	MM Btu	成本（美元）	加仑
1月	481553.00	99488	0.00	0	0.00	0	0.00	0
2月	287666.00	77682	0.00	0	0.00	0	74516.00	20289
3月	158066.00	67837	0.00	0	0.00	0	0.00	0
4月	128133.00	54534	0.00	0	0.00	0	129350.00	35257
5月	101376.00	38428	0.00	0	0.00	0	0.00	0
6月	139470.00	43714	0.00	0	0.00	0	118486.00	36252
7月	109989.00	35251	0.00	0	0.00	0	0.00	0
8月	115330.00	48014	0.00	0	0.00	0	108805.00	31126
9月	109607.00	44492	0.00	0	0.00	0	0.00	0
10月	250193.00	75351	0.00	0	0.00	0	185719.00	52046
11月	383881.00	84212	0.00	0	0.00	0	0.00	0
12月	481553.00	99488	0.00	0	0.00	0	119839.00	32661

图 5-6　燃料购买例子

第2步——方框6

	总效用成本（美元）	高峰使用（千瓦时）	平峰使用（千瓦时）	离峰使用（千瓦时）	高峰需求（千瓦时）	平峰需求（千瓦时）	离峰需求（千瓦时）
1月	334527	2636558	0	3622456	11690	0	11057
2月	344236	2865131	0	3508527	11607	0	10978
3月	328409	2413808	0	3730473	11161	0	10630
4月	374619	2828457	0	3650635	12357	0	11452
5月	386471	2975955	0	3704051	12302	0	11614
6月	453078	2419488	0	4454930	13071	0	12925
7月	461620	3642526	0	4571974	13304	0	13094
8月	482980	3179656	0	5835672	16151	0	15587
9月	471723	3308411	0	4918525	15458	0	14734
10月	370535	3186886	0	4048535	13258	0	12677
11月	329047	2641132	0	3801710	11833	0	10929
12月	328682	2251532	0	3432723	11461	0	1093

* 平峰费率不变
* 实时自动更新使用和成本

图 5-7　电力购买例子

　　图 5-6——燃料/水购买——要求用户为基准年挑选设施所使用的初级和二次燃料。初级燃料就是设施消耗最多的燃料。表格表明了每月的成本以及天然气和水的消费。设施没有消费任何其他燃料，因此没有显示数据。

　　电力购买这个表格要求提供每月消费的电力和成本以及每天高峰、平峰和离峰的最大需要量。如果设施将使用时间计量表自动化，那么这个信息的数据录入应该是自动的。

　　完成电力的消费量、需求量（也叫做负载）和成本这些数据录入的复杂性可能经常需要详细地查表和勘查。例如，20 世纪 90 年代末，爱荷华大学与当地电力企业（Mid American）就电费进行谈判。爱荷华大学使用 3 个费率。我们将在下面的章节中讨论更多有关爱荷华大学的问题。然而，图 5-8 的详细内容——爱荷华大学的电力使用和成本图——说明了开始记录成本效率和单位成本所需要的数据。

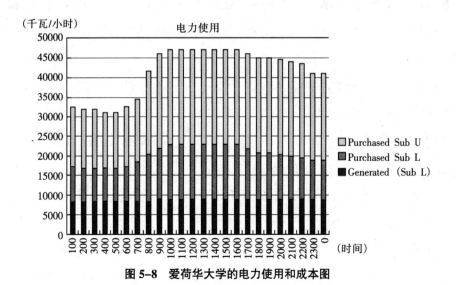

图 5-8　爱荷华大学的电力使用和成本图

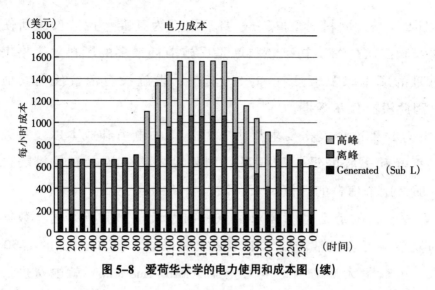

图 5-8　爱荷华大学的电力使用和成本图（续）

在爱荷华大学，电力使用、负载和成本信息是自动地实时记录、通信和报告到投资计划中的，因此爱荷华大学是安装自动读表设备的最合适的机构。

大多数设施生产热——许多为空调生产冷却水——一些就地生产电力。这些商品每一种的生产量以及最大和最小负载都必须每月报告或实时报告。图 5-9——能源生产——是数据录入的一个例子。尽管每种商品的生产量数据是使用普通的生产术语——千瓦时、千瓦需求、千磅和磅/小时、吨和吨小时——录入的，但是能源数量最后都被转换为 Btu。

决定生产和分配蒸汽、冷/热水和其他能源商品的能源数量、需求和单位成本并不总是容易的。尽管设施经理通常在其设备管理系统（EMS）软件中拥有设备记录和操作数据，但是很少有设施经理为设备的各个部件详细记录这种信息。

1992 年，我为一家基地在佛罗里达坦帕的机械/电子工程公司（Bosek，Gibson and Associates，简称 BGA）开始在加州的经营。该公司专门为大中型企业和机构进行能源分析和设计。毫无例外，对能源效率投资进行分析所需要的信息要求不仅包括金字塔第 1 步中

第 2 步——方框 6

	自发电			蒸汽生产			冷却水生产		
	生产 (kWh)	峰值 (kW)	最小值 (kW)	生产 (KLbs)	峰值 (Lbs/Hr)	最小值 (Lbs/Hr)	生产 (Ton-Hrs)	峰值 (Tons)	最小值 (Tons)
1 月	0	0	0	77991	147000	68000	0	0	0
2 月	0	0	0	55886	168000	37000	0	0	0
3 月	0	0	0	50512	140000	35000	0	0	0
4 月	0	0	0	39495	102000	30000	1594692	2358	0
5 月	0	0	0	31057	70000	29000	2226283	5335	0
6 月	0	0	0	33850	70000	32000	2236100	7730	0
7 月	0	0	0	25892	64000	21000	2501383	7764	0
8 月	0	0	0	43162	65000	48000	1668517	8685	0
9 月	0	0	0	37251	90000	33000	997825	5793	0
10 月	0	0	0	31027	98000	20000	614208	2176	0
11 月	0	0	0	53641	117000	41000	0	0	0
12 月	0	0	0	66459	144000	66000	0	0	0

＊非自发电

图 5-9　能源生产例子

的基本信息，而且 BGA 的工程师们经常不得不花费大量时间计算基准年的负载和用于供热、制冷的能源消费。

　　与电能的情况相同，蒸汽/冷热水设备的测量仪表也很重要。例如，为了获得冷却水生产的最低 Btu 单位成本，设施经理需要知道与吸收式冷冻器或蒸汽冷却器相比运行现场的电动式冷水机组的单位生产成本。电力成本会随着每天的时段和生产选择而变化。经理需要知道实时成本来做出运行哪个设备的决策。

5.7.2　设备规格与运营和维护成本

第 2 步　　6. 基准线能源使用、　　7. 现有设备规格　　8. 基准线运营和
　　　　　　需求和成本　　　　　　　　　　　　　　维护成本

　　下面的图 5-10~图 5-13 展示了对设施生产和分配设备的描

述——型号、年限、尺寸、运行特点及运营和维护成本。这些表格详细列举了检测自发电、蒸汽和冷却水生产和分配系统的单位成本所需要的信息。因为表格中所要求的数据适用于任何基准线或新项目情况，所以提供了许多数据录入的选项。每个现有的设备或新项目都可使用，只有那些特定设备所需的数据是必须录入的。

让我们开始仔细研究图 5-10（a）和图 5-10（b）——自发电例子第 1 部分和第 2 部分。

除了每年用于消费所购买的能源初级燃料、电力和水，用户还可能就地发电并消费。图 5-10（a）——自发电第 1 部分——这个阶段是为基准线数据设计的。随着新项目的投入，它可能还是一个未来的投资选择。需要数据来确定燃料、设备和效率。工程师们需要诸如可获得性、容量因子、焓① 这样的术语来计算发电所产生的能源产出和成本。

第 2 步——方框 6

以燃料为动力的发电

名称	发动机输出功率（kW）	燃料消耗率（MMBtu/Hr）	燃料类型		可获得性（%）	容量因数（%）
能源发电器	5000	56	初级		88	92
	0.0				0.0	0.0
	0.0				0.0	0.0

蒸汽动力的发电

名称	ST产出（kW）	流量（Lbs/Hr）	通过（1 or 2）	入口蒸汽（焓）	出口蒸汽（焓）	涡轮机效率（%）	可获得性（%）	容量因数（%）
热电联产1号	57	350	1	56	99	85	77.4	80
	0.0	0.0		0.0	0.0	0.0	0.0	0.0
	0.0	0.0		0.0	0.0	0.0	0.0	0.0

图 5-10 （a）自发电系统第 1 部分

① 可获得性是一个发电机能够运转的时间总数。容量指一个发电机能够生产的能量产出的数量。焓是一个能量单位的术语，它将内能与压力/体积或流动功结合在一起。

第 2 步——方框 6

基本假设		燃料消费		发电成本	
高度（英尺）	0	GT 发动机燃料比（MMBtu/Hr, LHV）	0	运营和维护单位成本（$/kWh）	.0000
气压要求（Rsig）	290	St 燃料比（Lbs/Hr）	0	软件制造支持系统平均成本（$/kWh）	.0460
排放控制描述	干燥的 NOX	HRSG 供应点火（MMBtu/Hr, LHV）	0	管理费用时期（年）	5.00
发动机规模	电动基本负载	蒸汽喷射（如果适用）		初级燃料成本（$/MMBtu）	3.1400
传输损耗	2.00	蒸汽喷射率（Lbs/Hr）	0.00	二级燃料成本（$/MMBtu）	.0000
根据条件的调整（%）	5.00	喷射小时数	0	其他燃料成本（$/MMBtu）	.0000
附加载荷（kW）	0	喷射影响（kW）	0.00	应急发电	
电力零售价格	0.00	入口冷却（如果适用）		总容量	0
		入口冷却	0	总数量	0
		冷却小时	0	燃料类型	Nat'l gas
				高峰调节	0
				调节节约	0.00

图 5-10 （b）自发电系统第 2 部分

　　自发电数据录入的第 2 部分，图 5-10（b）——自发电第 2 部分——要求对大量的工程、地质、操作、消费、成本和其他因子提供更详细的描述，工程师们需要这些因子来计算与每种发电类型相关的产出和成本。并不是需要所有的数据，但是数据录入取决于自发电的具体类型。

　　图 5-11——蒸汽供应系统——要求列出现有锅炉的型号和年限，并要求提供信息为每个锅炉计算能量蒸汽产出和效率以及综合的锅炉性能。

　　与蒸汽供应系统的数据录入相似，图 5-12——冷却水供应系统——要求提供单个冷水机和冷水机组的名称，包括设备运行、年限、效率和其他详细信息来决定冷却水生产的成本。

　　包括在电力、蒸汽和冷却水生产的数据录入表格中的是每个类型生产的运营和维护成本。

第 2 步——方框 6

蒸汽规模和性能

锅炉或组	类型	燃料类型	安装年份	容量 (Lbs/Hr)	效率 (%)	压力	使用 (% of use)	生产 (KLbs)
10 号锅炉	标准	初级	1996	35000	81.00	中等	15.00	54622
6 号锅炉	标准	初级	1971	85000	78.00	中等	10.00	81933
7 号锅炉	标准	初级	1971	85000	78.00	中等	15.00	191178
8 号锅炉	标准	初级	1995	85000	81.00	中等	35.00	136556
9 号锅炉	标准	初级	1996	65000	81.00	中等	25.00	81933

一次蒸气质量				假设	
	压力 (psig)	温度 (℉)	焓 (Btu/Lbs)	冷却水回水百分比	75.00
				补充水温度	80
高	0.00	0.00	1203.00	补给水焓	50
中等	125.00	400.00	1189.00	分配损失	5.00
低	50.00	200.00	203.00	补充热比率	0.00
热水	0.00	0.00	0.00	补充使用	0.00
冷凝物	220.00	85.00	5.00	运营和维护成本	1.5000
				HRSG 运营和维护成本	1.0000

图 5-11 伊利诺伊州立大学蒸汽供应系统

第 2 步——方框 6

冷却水规模和性能

冷水机或机组	安装年份	类型	生产能力 (吨)	电力 (COP)	入口 (压力)	出口 (压力)	生产 (吨/小时)
现有单位	1991	Electric	1500	5.1			1577513
新的 1000(2)	1996	Steam	2000	0.90	中间	低	3155025
新的 2000(2)	1996	Electric	5000	6.00			5784213
	0		0.0	0.0			0.0

冷却水需求		运营机维护	
总冷却机 (吨/小时)	15000000	运营和维护单位成本	0.0100
冷却水浓度	42.00		
设计温度	16.00		
分配损失	3.00		

图 5-12 冷却水供应系统例子

　　最后，需要关于设施的电力、蒸汽和冷却水分配系统的信息。图 5-13——分配系统——介绍了描述这些系统所需要的一些重要信息。

第 2 步——方框 6

电力分配	
功率 kV	4.65
电压 kV	4.65
功率因数 kV	0.94
蒸汽分配	
冷凝物温度 ℉	220
冷凝物压力 psig	5
冷凝物焓 Btu/Lbs	0
初级泵效率	0
二级泵效率	0
冷却水分配	
冷却塔效率 kW/Ton	0.15

图 5–13　分配系统例子

图 5–10~图 5–13 详细说明了工程和维护人员对现场电力、蒸汽和冷却水生产和分配系统进行登记所需要的信息种类。这些专业人士将知道适用于每个系统的数据条目。

OA 方法论第 2 步的目的——将能源使用、设备类型、运行性能和成本以及其他技术因素进行登记——是计算和报告基准年交付每种能源类型的全部单位成本。然后包含在第 1 步中的增长和增加假设可以被用来决定在未来继续运营和维护设施的成本是什么。

这个做法可能需要帮助。BGA 经常与设施经理和工程师协力合作来登记这个数据。这些计算结果不仅决定了现有供热和冷却生产设备的运行效率和使用，而且确定了在现场生产热能、冷却能和电力的平均单位成本以及购买电力的单位成本。经营者可以在总的整合能源系统成本的基础上选择最优的设备运行。投资软件系统必须把对于将数据转化为单位产出的成本来说必要的工程公式加入进来。

5.8　基准线结果

我们现在准备好了运行预算预测，这个预测表明如果业务像往常一样继续，用户将不得不花很多钱。也许反映这种情况最简单的方法是演示美国陆军在 1997 年末被命令将其基地公用事业系统私有化后不久制作的一张幻灯片（图 5-14）。这张图最下面的那条曲线反映了在未来 20 年美国陆军的基准线预算预测。最上面的那条曲线反映了他们估计需要多少资金来继续他们基地的运营并完成将陈旧的、低效率的和不可靠的能源、水和废水系统进行升级所需要的资金。注意，在预测中，由于未来 20 年大量的成本增加，资金成本将比 1999 年的预算增加 2 倍多。中间那条曲线是对陆军基地的公用事业系统被私有化运行和升级的成本将会怎样进行的推测。私有化的意思是将现有的共用事业出售给一个私人部门实体，这个实体将升

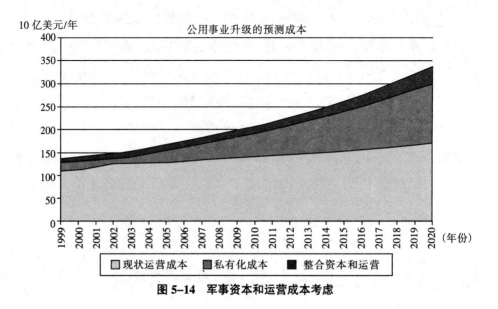

图 5-14　军事资本和运营成本考虑

级这些系统并以双方商定的价格向基地提供可靠的公用事业服务。私有化的解决方案还导致资金需求增加 2 倍。

你的第一反应可能是国防部遇到一个大问题，于是问题转化为增加我们的税收。将军队的所有部门加到这个图表中，数额将达到几万亿美元。

5.8.1　如果不对设施进行投资将会发生什么？

为投资进行规划的最重要步骤是确定如果不在未来 20 年或 30 年对设施进行投资将会发生什么。首先想一下，投资到能源供应和其他公用事业系统的设备可以有 20 年或更长的使用寿命，可以根据那个期限为其融资。

确定现有设施的成本和运营效率的第二个原因是经常存在机会来提高效率和成本控制而不用进行新投资。在我就职戴德郡的期间，我发起了设施经理培训和预防性维护项目。当对设施建筑物的能源投资进行分析时，我们的工作人员意识到这个郡有机会提高现有设备的运行效率、提高居住者的舒适程度、从电力和天然气公司那里得到更好的价格并且减少和控制设施运营的预算。如果设施经理和居住者没有有效运营其设施及测量和控制成本的信息和知识，他们就不愿意开始投资的过程。

能源办公室立刻开始向设施经营者和居住者提供运营成本信息。该郡的信息技术部门设计了软件使该郡可以从电力企业收到账单。不幸的是，美国第五大电力企业花了 12 年多的时间才提供这项服务。当该郡等待公用事业公司提供电子账单时，它将所有的纸质账单扫描到账务和账单核实软件中。获得批准的账单将自动由该郡的财务系统进行支付。对设施经理和居住者的每月报告和培训项目，导致在一些设施中电力消费下降了 50%。

此外，能源办公室建立并支付了一个新的预防性维护项目以改善设备的运行和设施的能源效率。该项目不仅从能源成本节约中自行偿付，而且表明了从避免设备故障中获得的成本节约。

为了获得最大的效率和成本控制来管理和维护现有设施，设施经理和公用事业经理应该完成基准线业务规划过程的第 1 步和第 2 步。从每天获得信息来运营和维护设施中节约的费用如此之多，以至于这些工作可以在每个预算年为自己支付。企业、家庭或机构现在愿意将新能源系统投资的价值进行比较。

20 世纪 90 年代末，BGA 被太平洋天然气和电力公司（PG&E）雇用来对其在旧金山的公司总部大楼进行能源投资调查。PG&E 想要对与另一家公司签订合同的成本收益进行评估，这家公司对 PG&E 大楼的能源节约措施进行投资并用节约的资金为投资支付。

BGA 发现这个经历是有趣的、重要的而且对于 PG&E 来说是潜在有利可图的。有趣的是，该设施并没有获得最划算的电力企业价格。如果不建立恰当的控制，所购买的用来提供空气调节的主要新设备会处于重大故障的危险中。更有效的设备投资所导致的年节约费用投资回收期仅为 3 年。BGA 向 PG&E 报告了这些发现并提出对效率进行的投资是非常有利的，PG&E 应该对所有设施做这种考虑。

重要的信息是 PG&E 评估的三个结果中有两个与不需要投资的活动相关。PG&E 的投资机会提供了数量相当大的投资回报，这个发现是一个额外令人高兴的事情。

第❻章　真正的投资机会

　　摘　要：为了建立和保持能源供应商与用户之间的业务关系，作者建立了业务规划、通信和评价过程。作者为读者提供了一个详细的 5 步骤方法论来说明如何制订一个整合的能源供应业务投资计划并与可选择技术、实施、融资和所有权的现状计划进行比较。作者使用 Opportunity Assessment™ 金字塔结构和 Opassess 软件应用来帮助读者将所有假设进行分类，这些假设必须被包括在一个完整生命周期的投资计划以及做出合理的业务决定所需要的过程和报告中。作者在马里兰大学科利奇帕克分校、伊利诺伊州立大学、爱荷华大学和国防部经历的一些趣事提供了规划过程的实质内容以及用户和能源供应商都能从整合的投资中获得经济利益的证据。

　　关键词：可供选择的技术；假设；基准线；业务规划；通信；评价过程；业务关系；能源供应投资计划方法论；经济利益；实施；投资机会；生命周期；Opassess；Opportunity Assessment™；所有权；实时；报告；软件应用

6.1　个案研究

6.1.1　海军公用事业的私有化

第 5 章提出的军队预算成本增加预测指出，为了升级基地的基础设施，政府将不得不提供其现在预算 2 倍多的资金并且随着时间的推移增加预算。这不是真的！20 世纪 90 年代末，我的公司，LAS & Associate（LAS），开始与位于圣地亚哥的海军公共建设工程中心（PWC）进行合作。国防部命令所有的军事基地都要被私有化，除非能够证明私有化将导致安全问题或者私有化并不具有成本效率。

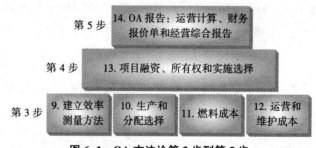

图 6-1　OA 方法论第 3 步到第 5 步

LAS 与 PWC 的一支非常优秀的专业人员队伍一起工作来确定如果海军要进行投资的话，那么将 6 个主要的海军基地的公用事业系统进行升级的成本是多少。PWC 努力建立一个基准线数据（OA 方法论中的第 1 步和第 2 步），所有潜在的私人部门合作伙伴都将使用这个基准线数据来计算和完成他们接管公用事业系统并向基地提供可靠能源的业务规划。此外，通过确定海军能够为他们自己做什么（OA 方法论中的第 3 步和第 4 步），PWC 还有一个据以确定私人部门业务规划是否具有成本效率的依据。

分析方法包括所有陈旧的和低效率的设施和设备以及满足每个基地重要任务所需要的扩展要求。这个方法将 OA 方法论作为制订基准线和海军投资计划的依据。随着 OA 方法论中规划金字塔的第 3 步和第 4 步被完成来确定升级和扩张设施的基础设施的成本，每个基地的现有预算表明，对现场的、高效率的热电联产进行投资并从电力企业购买价格更高的补充电力所导致的能源消费和单位成本的节约，可以支付几百万美元的资金用于升级以及设施的长期运营和维护。

每个海军基地都能够将其当前和长期的运营预算降低到年基准线或现状预测的水平之下。此外，每个基地的基准线预算将能够支付对其公用事业系统的全面升级。尽管建筑物中的能源效率措施已被包括在总投资中，更大的能源效率和成本节约来自对电力、热能和冷能的高效率生产和分配进行投资。电力生产规模的确定要最大限度地使用废热并避免燃烧更多的燃料来提供热能。诸如利用废热作为燃料的吸收式冷冻机这样的技术以及热能的存储将降低电力负载，这反过来将降低单位能源成本。

几百万美元的升级资金可以用于圣地亚哥海军基地而不需要增加他们的基准线能源预算。不幸的是，由于人员变动、指挥体系的问题和"9·11"袭击事件，PWC 的工作并没有得到实施。

而且，圣地亚哥的海军在后来由于加州糟糕的电力重组和缺乏联邦政府的控制，导致其电力费用增加了 3 倍而受到严重影响。

6.1.2 马里兰大学科利奇帕克校区的融资目标

马里兰大学科利奇帕克校区提供了一个导致能源供应商和用户

进行合作的设施状况和特殊融资目标的例子。在 1996 年，马里兰大学科利奇帕克校区（的设施）非常需要升级和扩展其供热、制冷和电力系统。马里兰的决策者指出没有公共资金可供使用，并建议马里兰大学寻找私人部门来为其设施升级提供资金。

马里兰大学做了大量的努力来确定通过战略性采购、实施和管理改善的公用事业供应系统、效率升级、能源合同和控制，能够从其 1995~1996 年的运营预算（超过 2100 万美元）中节约多少来支付基础设施投资的成本。项目方法力图确定可以筹到的资本投资的数额并确定可以通过借债保留多少运营预算资金来为校园公用事业和资金支付费用。

支撑筹资目标的是学校许多其他的目标，包括：

（1）向学校用户长期提供可靠的能源。

（2）最低的生命周期成本。

（3）财务和运营风险控制，尤其是违约。

（4）长期能源使用和供应采购的灵活性。

（5）坚持大学的使命及其社区的、经济的、社会的和环境的责任。

（6）资产负债表外的债务。

这些目标归根结底意味着马里兰大学需要一个合作伙伴来为公用事业融资、运营和管理公用事业而不会给学校带来风险，但是学校首先需要自己搞清楚如何确定什么是一个好的交易。他们完成了金字塔中第 1 步和第 2 步的基准线规划，然后使用整合的方法在学校将花费多少来独自完成并承担所有商业风险的基础上来评估可供替代的基础设施和财务解决方案。然后他们启动了一个全面的采购过程，在这个过程中他们可以将他们的业务选择与大量的能源供应商的方案进行比较。第 9 章将概述一个竞争性的采购过程。

说句题外话，两个公司分别做出的最初预测表明马里兰大学科利奇帕克校区可以为新资本改善提供超过 700 万美元的资金。基准年预算的增加仅用于新校园的设施和学生的增加。

1999 年 4 月 21 日，下面这条摘自 Trigen-Cinergy Solutions（Trigen）新闻稿的内容公布了马里兰大学科利奇帕克校区交易的结果。

马里兰大学科利奇帕克校区通过将能源服务外包给 Trigen-Cinergy Solutions 节省了 1200 万美元。

马里兰州巴尔的摩——1999 年 4 月 21 日——Trigen-Cinergy Solutions（TCS）宣布签订了一项初始期限为 20 年的向华盛顿特区附近的马里兰大学科利奇帕克校区提供公用事业服务的合同。TCS 将承担在拥有 35000 名学生的校园里分配蒸汽、冷却水和发电的所有责任。TCS 将从 7 月 1 日起承担所有现有蒸汽动力厂的责任并将安装 26MW 的热电联产设备来满足差不多所有校园的电力要求。现场的发电厂所产生的热将被用来为占地 1350 英亩校园、总共 1050 万平方英尺的 150 座建筑物提供热和冷气。TCS 预计将实现 75% 的年效率，这是国家中央发电的平均效率的 2 倍还多。

马里兰州州长 Parris N. Glendening 说："将马里兰大学科利奇帕克校区的公用事业服务进行承包每年将平均节约 600 万美元，这对马里兰州继续控制教育和能源成本的努力是重大的一步。这是马里兰州在力图实现美国能源部将美国的热电联产能力到 2010 年翻番的目标中的第二个项目。我们为在提高效率和减少环境排放领域成为国家的领导者感到骄傲。"

"马里兰州正在向这个国家展示电力和消费竞争如何可以成为对纳税人、经济和环境都有利的事"，美国能源部部长 Bill Richardson 说，"这正是能源部希望我们提议的在上周宣布的全面电力竞争法案所鼓励的那种富有企业创新精神的步伐"。

"选择了 Trigen-Cinergy Solutions 是因为他们为马里兰大学广泛的需要提供了全面的解决方案，因为他们具有相关的经验、在该行业的领导地位以及有竞争力的价格"，马里兰大学科利奇帕克校区负责设施管理的副校长 Frank Brewer 这样评论，"大学将在合同期内得到超过 1200 万美元的费用节约，包括价值 710 万美元的新资本改善。我们期待着与 TCS 进行长期的合作"。

"这是 Trigen-Cinergy Solutions 在过去的 9 个月中公布的第 5 个项目"，TCS 的运作主管 Steve Harkness 评论道，"仅这一个项目就能将地区一氧化氮排放减少 9800 吨，二氧化碳的排放将在最初的 20 年中减少 350 万吨"。

6.2　第 3 步——能源供应系统的技术方案

像海军和马里兰大学科利奇帕克校区这样的实体如何能够获得上面所讨论的投资？让我们讨论金字塔的第三层。OA 方法论第 3 步开始确定由于年限、低效率、可靠性和业务增长要求所需要做出的设备改变的过程。在这一步中，应该选择和评价可供替代的新设备、能源采购和运营选择。最终，可以将新能源供应系统的运营特点和成本与基准线或现有状况进行比较。

6.2.1　需求方能源效率方法与经调整的基准线

第 3 步　| 9. 建立效率测量方法 | 10. 生产和分配选择 | 11. 燃料成本 | 12. 运营和维护成本 |

在开始对能源供应系统设备的要求进行选择之前，业务规划制订者需要将设施建筑物里的设备更新并设置效率措施。需求方（也叫做最终用户）能源效率措施可以包括：改善现有设备的使用和维护；为屋顶、窗户、墙壁、暖气设备、管线和管道加隔热设备；安装更有效率的照明和传感器来在屋内无人时关掉电灯；改善空气调节设备、泵和发动机；效率更高的家用电器；建立控制和其他改善措施。

任何对建筑物效率措施进行分析的工程师必须做"整合的"分析。根据所采取的措施，能源效率投资可能会影响对能源的消费和负载要求。例如，如果在一个建筑物中安装了更有效率的照明，照明所产生的热会减少，对电力和建筑物冷却的要求也会减少。由于照明产生的热的减少，可能会需要更多的空间加热。对所有建筑物能源效率改善的整合投资导致最初的基准线电力、蒸汽和冷却水消费和需求的调整。这种相互关系的例子在图 6-2——经调整的基准线——中得到了说明。

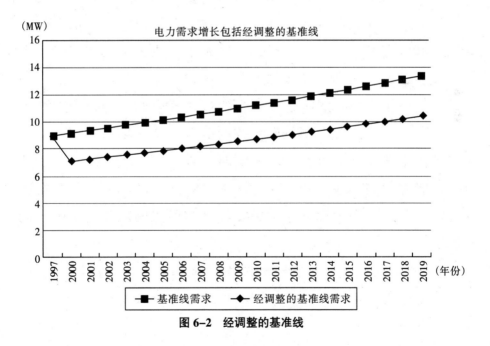

图 6-2 经调整的基准线

根据更新的和有效率的最终使用来确定电力生产和分配的规模总是一个更好的经济决定。确定最终使用能源效率的方法（EEMs）和维护时机将影响供应系统必须要多大才能为未来的负载提供可靠的服务，并可能导致减小规模并因此减少所提议的生产和分配设备的成本。美国能源部现在提倡被称作 DOE-2[①]的免费软件，工程师通常使用这个软件来计算实施对建筑物电力系统的全面升级所产生的综合影响。

6.2.2 生产和分配系统解决方案

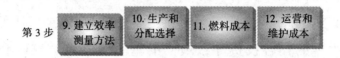

第 3 步　9. 建立效率测量方法　10. 生产和分配选择　11. 燃料成本　12. 运营和维护成本

现在我们记录了建立效率的措施、其他升级的成本和潜在节约的费用，并调整了电力、热和冷却水的基准线，下一步是将能源供应系统生产和分配设备进行升级。记住，业务目标是以最低的能源单位成本提供可靠的服务。最低的能源单位成本包括在任何时点生产和分配电力、热和冷却水的资金、燃料、运营和维护成本。为了实现最低的能源单位成本，在评估投资选择中必须考虑许多技术解决方案。由自动读表和测量所支撑的能源单位成本的管理和控制必须与操作系统软件结合在一起来实时报告单位成本。为了从每单位消耗的能源中获得最大的效率，必须考察现场的电力生产和再循环热能技术。在这个过程中非常重要的是为最优的能源使用确定设备的规模。

电力生产的最优设备规模通常意味着需要从电网购买一些电力。然而，使用废热用于供热和空调将导致电力负载波动的减小并使更

① DOE-2 是一个被广泛使用和接受的免费软件建筑物能量分析程序，它可以预测所有类型建筑物的能源使用和成本。DOE-2 利用用户提供的有关建筑物的布局、建造、运营时间表、产生影响的系统（照明、采暖通风与空调等）和电价，以及天气数据，来对建筑物进行 1 小时的模拟并估算公用事业账单。"简单的" DOE-2 程序是一个 "DOS 盒子" 或 "批处理" 程序，它要求具有大量的经验来学习有效的使用，但是给研究人员和专家提供很大的灵活性；eQUEST 是 DOE-2 程序的完全交互式的 Windows 工具，它拥有附加的向导程序和图形显示来帮助 DOE-2 的使用。

高比例的电力在 24×7 小时内被购买，从而改善能源供应商发电站的效率。最优的规模可能意味着选择多个规模更小的发电设备而不是单独一个大型发电机组。例如，在春天和秋天，对热能的需求很可能比在冬天要小。让一个或几个小型锅炉满载运行比让一个大锅炉在有限的时间内或在部分负载的情况下运行要更有效率。

对许多其他的设备、运营和维护、燃料投资的考虑可以有助于在项目投资周期内更好地控制成本。由于设备的寿命较长，对由于在任何时点燃料价格不同而转换燃料的预期可能会影响对设备的选择。应该对负载管理基础设施进行评估，如热能存储，它使得当发电能力可用时（在离峰时），可以生产冷却水。应该对能量生产设备相对于分配系统的位置进行规划以尽量减少资金、运营和维护成本。对设备的选择还要受到可以获得的初级燃料的影响。应该列出所有切实可行的燃料选择，尤其是可再生燃料和废弃的副产品的清单，并对其进行评估。在对设备的选择中通常存在着降低燃料及运营和维护成本的机会。设备的自动化和全年的燃料购买合同能够降低成本。

通常人们很容易忘记水处理和分配要求许多能源。另一个投资选择是考虑使用离峰时的电力生产来处理水。将电力生产投资与水的脱盐结合在一起能够降低水和电力生产的能源成本。

6.2.3 伊利诺伊州立大学投资机会

1997 年，LAS 与伊利诺伊州立大学的后勤与财务人员对投资机会进行了一个初步的评估。伊利诺伊州立大学所提议的能源供应系统升级包括：

（1）一个 5MW 的燃气轮机。

（2）蒸汽和冷凝水管道。

（3）锅炉、锅炉结构和发电厂升级。

（4）冷水机组、冷水机结构和发电厂升级。

（5）冷却塔。

（6）冷却水分配系统和建筑物回路升级。

（7）热能存储。

（8）电力分配系统升级。

（9）变电站、变压器和相关电气设备升级。

（10）能源信息管理系统。

（11）石棉清除。

注意，不是所有在伊利诺伊州立大学的投资都与效率有关。伊利诺伊州立大学要求在电力和热能分配系统升级方面花费几百万美元，包括一个变电站、增加的建筑物和石棉清除。据估计，仅石棉清除一项就需要 500 万美元。

我们计算了伊利诺伊州立大学能源供应系统计划中所有设备的燃油、运营和维护成本，并将许多能源供应系统的可供选择的方案进行比较来确定最优的方案。

为了将新技术投资和相关燃料的成本与基准线进行比较，我们提出了一个新的项目。输入对现有设备、燃料、运营和维护成本要求的假设（OA 的第 2 步）来评估与基准线或什么也不做情形相比较新投资系统的成本和收益。

6.3　第 4 步——项目融资、所有权和实施选择

第 4 步　13. 项目融资、所有权和实施选择

　　规划过程的第 4 步是决定如何设计、采购、施工、准许、资助和拥有新投资和运营变化，以及其他完成投资项目的建造和安装的必要成本。

6.3.1　施 工 信 息

　　对于项目经济学来说非常重要的是项目按时按照预算完工，并表明投资达到期望的运营性能。图 6-3 描述了项目施工信息。必须为施工何时开始何时完工设定目标日期，要为如何实现施工融资提供数据输入。将与设计、采购和施工有关的成本以及其他项目实施成本包括进来对于评估完成设计、采购和施工的其他可供选择策略的成本是很重要的。由于公共采购规则和每一个机构都试图分得一杯羹，那些选择自己完成工程、采购和施工的机构经常需要将其资金成本的估计提高 25%~100% 来涵盖这些成本。

　　马里兰大学科利奇帕克校区认为由于他们的采购规则，如果学校自己来实施投资，那么它将承担非常高的设计、采购和施工成本的风险，因此马里兰大学科利奇帕克校区的解决方案是将这个风险外包给 Trigen。

第 4 步——方框 13

设施—项目	
施工日期	1999 年 1 月 1 日
运营日期	2000 年 7 月 1 日
施工贷款率（%）	9.5
施工贷款费（%）	1.25
施工债务负担（%）	100
设计、采购和施工（%）	10
意外开支（%）	10

图 6-3　施工信息例子

6.3.2 长期债务

下面的图 6-4——长期债务——列出了可能被包括在项目融资、所有权和实施成本中的经济考虑。可能的数据范围从债务期限的选择、股票和融资费用到获得许可、土地开发和法律费用，再到施工管理、公用事业互联和项目启动材料。

第 4 步——方框 13

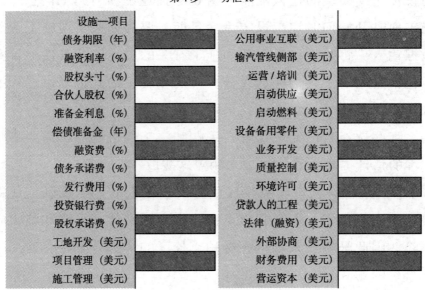

图 6-4 长期债务

尤其重要的是项目债务期限、融资和所有权假设，因为它们将业务目标与降低项目总成本的目标结合在一起。例如，如果设施所有者是免税的机构但是想要为项目融资，项目在资产负债表外，规划者需要考虑融资结构来以最低成本实现这个目标。马里兰大学科利奇帕克校区的例子实现了这个目标。解决办法是通过马里兰经济发展公司来融资，该公司提供免税（低息）融资并承担债务欠款。此外，Trigen 的利益动机是从基准年预算节约中进行最大数额的投资。Trigen 和马里兰大学想要将融资和所有权成本保持在低水平，低息融资使双方合作伙伴都受益。

尽快找到制订业务规划的技术解决方案可能相对简单明了，用户将努力降低融资、所有权和实施风险。第 9 章将讨论更多这方面的内容。

6.3.3　长期债务偿还

在组织项目融资时，某些年份的年现金流可能表现为负值。如果业务目标是永远拥有正的现金流，那么一个解决方案是安排年本金和利息的偿付避免负的年现金流出现。

6.3.4　折旧

最后，项目设备的折旧是一个重要的会计实践。财务评估应该包括总项目成本的一个百分比，使用直线法或修正的加速折旧法。[①]

6.4　第 5 步——能源基础设施系统投资计划报告

第 5 步　| 14. OA 报告：运营计算、财务报价单和经营综合报告

位于基准线情形的假设已经被记录下来。一个新的能源投资项目已经得到了仔细研究。现在是时候将能源基础设施投资项目计划

---

① 美国国税局允许私人部门实体使用年固定比率或修正的加速折旧法将投资折旧，根据设备修正的加速折旧法可以有不同的折旧比率。

提交给决策者了，他们将批准或拒绝实施。对于获得决策者的批准来说至关重要的是提交的报告以这样一种方式传递全面的财务和技术策略，即让他们相信投资将导致所预测的财务状况。

下面介绍了 5 份报告，表明了伊利诺伊州立大学所提议的项目投资的结果——概述、报价单、自发电的运营计算、蒸汽和冷却水。这些报告展示了与什么都不做或采取其他技术、实施和财务方案相比所提议的投资方案的成本和收益。

6.4.1 概述

图 6-5——概述（Solmes，2008）——总结了对包含用户场所的高效生产和分配系统在内的能源基础设施投资机会进行评估所需要的财务信息的种类。

由于项目效率而产生的能源成本节约按照系统进行了汇总。预计最终使用建筑物升级和效率措施将使综合的年能源预算节约达到 126.4 万美元。现场电力生产，包括对从厂区外的供应商那里购买价格更高的电力的预测，导致年能源预算节约 188.1 万美元。将伊利诺伊州立大学的蒸汽/供热系统设备升级将基准年预算降低了 39.3 万美元。冷却水生产的年成本导致了成本增加约 9 万美元。总的综合年基准能源预算节约保守估计[①] 为 344.8 万美元。

回想一下，伊利诺伊州立大学提议的资本投资中包括一个 5MW 的燃气轮机、新锅炉和结构/系统升级、照明转换、空气侧的采暖通风与空调升级、新设备控制、系统再度投入运作、电力分配系统升级、一个新的变电站、能源信息管理系统和 500 万美元的石棉清除。总的资金成本预计超过 2800 万美元。

---

① 保守估计意味着对所提议的项目的假设能源节约的估计偏低，而且没有包括运营和维护的节约。

当前公用事业预算			$7833897
能源成本节约			
设施效率建议			$1264034
发电			$1880989
蒸汽生产			$392913
冷却水生产			$ (89549)
水			$0
	总公用事业预算节约	$3448386	
	当前公用事业的百分比	44.02%	
项目成本			
设施效率建议			$3595110
发电			$2625000
蒸汽系统			$4260000
冷却水系统			$10707100
基础设施			$7100000
设计/意外开支			$5657442
额外的项目成本			$2069200
	总设计、采购、施工成本	$36013851	
	年偿债	$3049409	
	能源预算节约：偿债	113.08%	
单位能源成本			
	购买电力的平均成本	$0.046/kWh	
	热电联产电力的平均成本	$0.043/kWh	
	蒸汽的平均成本	$6.994/KLbs	
	冷却水的平均成本	$0.312/Ton-Hr	

财务

资本总额	短期债务	$36013851	净现值	@ 8%	@ 10%	@ 12%
	偿债准备金	$1550863	税前	$12927353	$10547035	$8718363
	总债务	$37564714	税后	$12927353	$10547035	$8718363
	股权	$0				
	总资本	$37564714				

报价单假设		偿债备付率	
期限	20 年	平均	1.55
利率	5.85%	最小	1.29
股权	100%	最大	1.69
合伙人股权	0%		
实际税率	0.00%		
准备金利息	0.00%		

图 6-5 伊利诺伊州立大学概述

按照系统进行划分，所提议的项目成本如下：

（1）建立效率的建议，3595110 美元。

（2）电力生产，2625000 美元。

（3）蒸汽系统，4260000 美元。

（4）冷却水系统，10707100 美元。

（5）基础设施，7100000 美元。

设计、采购、施工和不可预见费用为 560 万美元，额外的获得许可的成本、法律费用、启动和许多其他项目成本估计超过 200 万美元。总的设计、采购和施工成本估计超过 360 万美元。

由于公用事业投资的运营寿命较长，融资期限设定为 20 年，利率为 5.85%，偿债准备金为 150 万美元。[①]

将年节约超过 340 万美元与年偿债 300 万美元相比。通常投资者想要了解节约与债务之比，以及债务的范围。对伊利诺伊州立大学来说，最重要的数据之一是在利润范围为 8%~12% 的基础上的投资的净现值。不仅 3756 万美元的投资可以从每年的预算节约中得到支付，而且伊利诺伊州立大学可以偿付债务并创造 870 万~1290 万美元的投资价值。

注意被称为单位能源成本的领域，包括资金、运营和维护以及能源的平均单位成本根据系统取平均值，其中包括购买电力的成本。任何系统的技术解决方案中的变化都会影响其他系统的 Btu 单位成本。例如，如果伊利诺伊州立大学从另一个供应商那里购买蒸汽，电力和冷却水的单位成本将会因为热能使用的变化而受到影响。注意，冷却水系统的能源成本节约是一个负数。这意味着伊利诺伊州立大学将花费更多来生产一单位的冷却水。然而，由于电力负载和废热使用的减少，能源成本节约给蒸汽和电力带来的利益会

---

① 注意，由于照明的使用期有限，对照明更换的资金成本在第 11 年再次加上。

减少。这个综合的能源单位成本对整个设施来说被降低了。

这个概述代表了一个计划选择。为了以最小的综合 Btu 单位成本获得最大的 Btu 价值，应该对许多项目选择进行比较。

6.4.2 报价单和运营计算

表 6-1 反映了上面的概述中所描述的项目——伊利诺伊州立大学能源基础设施投资计划的 20 年现金流。报价单详细说明了 20 年的全部财务预测来满足伊利诺伊州立大学的能源要求。业务规划假设和计算在债务期限内每年列出一次。每年，收入和现金流被列出。鉴于伊利诺伊州立大学针对其业务目标有一个技术和财务解决方案，可以将该解决方案与其他实体提出的报价进行比较。注意，第一年运营的正现金流将近 400 万美元，并在整个债务期限持续超过 500 万美元。

还应该注意到由于设备的寿命有限，对照明设备的部件更新进行了两次。而且主要设备的维护成本在恰当的年份被加在一起。

表明与每个项目公用事业系统有关的运营计算假设的其他报告反映了财务报告背后的细节。图 6-6~图 6-8 展示了 3 份报告——热电联产、蒸汽和冷却水——的运营计算。这些报告提供了每个系统运营的新项目业务规划背后的假设和计算并作为与其他投资选择进行比较的参考。

每个运营报告说明了设备、能源生产、性能和包括在财务报告中的项目设备的成本假设。运营报告的总结还提供了燃料每单位生产、运营和维护、偿债的成本细目和投资回报。因为随着时间的流逝，这些成本会发生变化，软件能够连续报告能源单位成本变化以便设施经理可以选择设备和燃料替代方案并报告结果是很重要的。报告确定电力、蒸汽和冷却水的基准线平均成本以及新项目的预计

表 6-1 报价单：伊利诺伊州立大学

（数字以千美元计）

收益表	2001	2002	2003	2004	2005	2006	2007	2008	2009	2010	2011	2012	2013	2014	2015	2016	2017	2018	2019	2020
收入																				
容量电价	0	0	0	0	0	0	0	0	0	0	0	0	0	0	0	0	0	0	0	0
向公用事业公司出售的电力	0	0	0	0	0	0	0	0	0	0	0	0	0	0	0	0	0	0	0	0
向业主提供的电力	0	0	0	0	0	0	0	0	0	0	0	0	0	0	0	0	0	0	0	0
向业主提供的冷却水	0	0	0	0	0	0	0	0	0	0	0	0	0	0	0	0	0	0	0	0
向业主提供的蒸汽	0	0	0	0	0	0	0	0	0	0	0	0	0	0	0	0	0	0	0	0
开发费用	0	0	0	0	0	0	0	0	0	0	0	0	0	0	0	0	0	0	0	0
服务收入	0	0	0	0	0	0	0	0	0	0	0	0	0	0	0	0	0	0	0	0
绩效收入	0	0	0	0	0	0	0	0	0	0	0	0	0	0	0	0	0	0	0	0
作为收入基础的预算	9669	9862	10059	10210	10363	10519	10676	10837	10999	11164	11332	11502	11674	11849	12027	12207	12390	12576	12765	12956
总收入	9669	9862	10059	10210	10363	10519	10676	10837	10999	11164	11332	11502	11674	11849	12027	12207	12390	12576	12765	12956
运营支出																				
电力	1538	1538	1538	1492	1447	1404	1361	1321	1360	1401	1443	1486	1531	1577	1624	1673	1723	1775	1828	1883
天然气	3416	3468	3520	3573	3626	3681	3736	3792	3849	3906	3965	4024	4085	4146	4208	4271	4335	4400	4466	4533
燃油	0	0	0	0	0	0	0	0	0	0	0	0	0	0	0	0	0	0	0	0
煤炭	0	0	0	0	0	0	0	0	0	0	0	0	0	0	0	0	0	0	0	0
水	800	824	849	874	900	927	955	984	1013	1044	1075	1107	1140	1175	1210	1246	1284	1322	1362	1403
运营和维护	-13	-14	-14	-15	-15	-16	-16	-17	-17	-18	-18	-19	-19	-20	-20	-21	-22	-22	-23	-24
财产税	0	0	0	0	0	0	0	0	0	0	0	0	0	0	0	0	0	0	0	0
总运营支出	5741	5816	5893	5924	5958	5996	6036	6080	6205	6333	6465	6598	6737	6878	7022	7169	7320	7475	7633	7795
运营收入	3928	4046	4166	4286	4405	4523	4640	4757	4794	4831	4867	4904	4937	4971	5005	5038	5070	5101	5132	5161
偿债/租赁	-3049	-3049	-3049	-3049	-3049	-3049	-3049	-3049	-3049	-3049	-3049	-3049	-3049	-3049	-3049	-3049	-3049	-3049	-3049	-3049
偿债准备金提取	0	0	0	0	0	0	0	0	0	0	0	0	0	0	0	0	0	0	0	0

续表

（数字以千美元计）

收益表	2001	2002	2003	2004	2005	2006	2007	2008	2009	2010	2011	2012	2013	2014	2015	2016	2017	2018	2019	2020
股权税前现金流	878	997	1118	1237	1356	1474	1591	1708	1745	1781	1817	1853	1888	1922	1956	1988	2021	2052	2082	2112
支付利息	2289	2245	2198	2148	2095	2039	1980	1917	1851	1781	1707	1628	1545	1457	1364	1266	1161	1051	934	810
偿债准备金增加	0	0	0	0	0	0	0	0	0	0	0	0	0	0	0	0	0	0	0	0
账面折旧	849	849	849	849	849	849	849	849	849	849	849	849	849	849	849	849	849	849	849	849
账面税前税收入	790	953	1121	1290	1461	1635	1812	1991	2094	2201	2311	2425	2543	2665	2792	2924	3060	3202	3349	3502
账面税收	0	0	0	0	0	0	0	0	0	0	0	0	0	0	0	0	0	0	0	0
账面收入	790	953	1121	1290	1461	1635	1812	1991	2094	2201	2311	2425	2543	2665	2792	2924	3060	3202	3349	3502
所得税计算																				
运营收入	3928	4046	4166	4286	4405	4523	4640	4757	4794	4831	4867	4904	4937	4971	5005	5038	5070	5101	5132	5161
利息	2289	2245	2198	2148	2095	2039	1980	1917	1851	1781	1707	1628	1545	1457	1364	1266	1161	1051	934	810
税收上的折旧/分期偿还	3394	5431	3259	1955	1955	978	0	0	0	0	0	0	0	0	0	0	0	0	0	0
应纳税收入	−1755	−3630	−1291	183	355	1506	2660	2840	2943	3050	3160	3276	3392	3514	3641	3772	3909	4050	4198	4351
现金流量表	0	0	0	0	0	0	0	0	0	0	0	0	0	0	0	0	0	0	0	0
运营收入	3928	4046	4166	4286	4405	4523	4640	4757	4794	4831	4867	4904	4937	4971	5005	5038	5070	5101	5132	5161
DSR 回报	0	0	0	0	0	0	0	0	0	0	0	0	0	0	0	0	0	0	0	0
营运资本回报	16	16	16	16	16	16	16	16	16	16	16	16	16	16	16	16	16	16	16	16
偿债准备金提取	0	0	0	0	0	0	0	0	0	0	0	0	0	0	0	0	0	0	0	0
资金的使用																				
支付利息	2289	2245	2198	2148	2095	2039	1980	1917	1851	1781	1707	1628	1545	1457	1364	1266	1161	1051	934	810
本金	760	804	851	901	954	1010	1069	1132	1198	1268	1342	1421	1504	1592	1685	1783	1888	1998	2115	2239
项目税前现金流	895	1013	1134	1253	1372	1490	1607	1724	1761	1797	1833	1869	1904	1938	1972	2005	2037	2068	2098	2128
所得税	0	0	0	0	0	0	0	0	0	0	0	0	0	0	0	0	0	0	0	0
项目税后现金流	895	1013	1134	1253	1372	1490	1607	1724	1761	1797	1833	1869	1904	1938	1972	2005	2037	2068	2098	2128

运营计算 热电联产系统						

燃气轮机/发动机 燃料发电机	容量 5000		燃料比 56	容量因数 92.00%	可获得性 88.00%	运营和维护成本 $0.00	生产（kWh） 35460480
蒸汽轮机	容量	焓 入口	焓 出口	容量因数	可获得性	运营和维护成本	生产（kWh）
消费者年使用量过网	68892296 kWh 0 kWh			零售价格	0.000 $/kWh		

	燃气轮机/发动机		蒸汽轮机	
装机容量	4400	kW	0	kW
涡轮机功率	35460480	kWh/Yr	0	kWh/Yr
年燃料使用	397157	MM Btu	0	MM Btu
年燃料成本	$1247074		$0	
年运营和维护成本	$0		$0	
年蒸汽产出	0	KLbs		
电力应付费的燃料	0	Btu/kWh		
成本细目			年	
燃料	0.0352	$/kWh	$1247074	
OYM	0.0000	$/kWh	$0	
偿债和回报	0.0077	$/kWh	$217297	
总计	0.0428	$/kWh		
当前平均成本	0.0558	$/kWh		
预计平均成本	0.0460	$/kWh		
加权平均成本	0.0444	$/kWh		
用户从热电联产中节约	$1609693			
无偿债的节约	$1880989			

图 6-6　伊利诺伊州立大学热电联产运营计算

成本。

　　总而言之，上面所展示的伊利诺伊州立大学投资计划报告预测，假设债务期限为 20 年、利率为 5.85%，伊利诺伊州立大学可以为一个价值 3756 万美元的整合能源投资项目提供资金，实施必须在两年半之内完成。学校 1995~1996 年度年预算节约的 38% 可以被转移用来为资本提供资金。以折现率 8% 计算的投资净现值为 1080 万美元。项目成本可以通过固定伊利诺伊州立大学 1995~1996 年的运营预算并随着计划中的校园扩张和一般通货膨胀而增加预算来得到支

	运营计算 蒸汽系统			
	假设			
热电联产蒸汽产出		0KLbs		
使用燃料	从 Gt 的补充	0MMBtu		
		0MMBtu		
成本		$0		
预计蒸汽需要		532619 KLbs per Year		
热电联产之外需要的蒸汽		532619 KLbs per Year		
预计蒸汽质量	焓	温度		压力
高压	1203 Btu/Lb	0 deg F		0 psig
中等压力	1189 Btu/Lb	400 deg F		125 psig
低压	203 Btu/Lb	200 deg F		50 psig
热水	0 Btu/Lb	0 deg F		0 psig
冷凝物	5 Btu/Lb	85 deg F		220 psig
蒸汽生产	容量	燃料	效率	压力	生产
10# 标准锅炉	35000	初级	81%	中间	54622
6# 标准锅炉	85000	初级	78%	中间	81933
7# 标准锅炉	95000	初级	78%	中间	191178
8# 标准锅炉	85000	初级	81%	中间	136556
9# 标准锅炉	65000	初级	81%	中间	81933

	总结			
锅炉厂				
总蒸汽容量	355000	Lbs/Hr		
年蒸汽产出	546222	KLbs	运营和维护	1.50/KLbs
消费	815501	MMBtu		
成本	$2560673			
成本细目				
锅炉厂			年	
燃料	4.69/KLbs		$2560673	
运营和维护	1.50/KLbs		$819333	
偿债和回报	0.81/KLbs		$440276	
	6.99/KLbs			
热电联产的蒸汽			年	
燃料	0.00/KLbs		$0	
运营和维护	0.00/KLbs		$103351	
偿债和回报	0.00/KLbs		$0	
加权平均成本		$6.99		
当前成本		$6.91		
用户从新蒸汽生产中节约			$ (105714)	
无偿债的节约			$392913	

图 6-7 伊利诺伊州立大学蒸汽运营计算

		运营计算 冷却水系统		
假设				
冷却装置	类型	容量	COP	生产
现有单位	电	1500	5.10	1577513
新1000（2）	蒸汽	2000	0.90	3155025
新2000（2）	电	5000	6.00	5784213
				10516751
预计平均电力成本		$0.0444		$/kWh
预计燃料成本		$3.14		$/MMBtu
运营和维护		$0.01		$/Ton
总结				
总冷却水产量		8500		吨
年生产		10516751		吨/小时
	电	气	蒸汽	
消费成本	42766369kWh	0MMBtu	42664 MMBtu	
	$1897116	$0	$167254	
成本细目		年		
燃料	$0.18963/Ton-hr.	$2064370		
运营和维护	$0.0100/Ton-hr.	$105168		
偿债	$0.1-52/Ton-hr.	$1106590		
	$0.3115/Ton-hr.			
关于	$25.96/MMBtu			
当前每吨冷却水的成本		$0.177/Ton-hr.		
总的新冷却水生产的节约			$（1196140）	
无偿债的节约			$（89549）	

图6-8 伊利诺伊州立大学冷却水运营计算

付。运营报告表明了与每个能源系统（存在偿债和不存在偿债）相关的预测的节约。这些数字在概况中会再次提出并在每年的报价单中得到详细说明。

伊利诺伊州立大学的电力负载从16MW下降到低于9MW。需求的负载曲线几乎是平的。蒸汽的使用每小时下降了约8000磅，冷却水的需求下降了670吨。通过满负载运行热电联产发电厂，伊利诺伊州立大学不仅供应了5MW的电力负载，而且使用废热来提供热、热水和空调能量。

伊利诺伊州立大学不仅可以增加 5MW 的发电能力，而且通过使用废热和负载转移额外减少了 7MW——使纳税人没有付出任何成本获得了 12MW。电力生产中一多半的废热成为有用的能源。由于伊利诺伊州立大学的负载水平，公用事业公司能够使其现有发电厂更多地全天运转。

通过合作，伊利诺伊州立大学和公用事业公司能够就维护和其他预先安排的停电进行协调。如果公用事业公司与伊利诺伊州立大学成为合作伙伴，公用事业公司就有机会满足或控制投资的年现金流来获得回报并为融资、施工、运营、维护和电力营销服务获得资金。

合作信任的关键是伊利诺伊州立大学和公用事业公司都受到从效率中获利的激励。信任来自双方都致力于使用基于网络的工具来在市场变化出现时共同传递、管理和报告投资的状态。

6.5 能源供应商的机会——爱荷华大学

爱荷华大学是我从事的最令人惊异的项目之一。1997 年末，爱荷华大学开始了一个业务规划过程来评估为一个大型校园基础设施升级的可能性。最重要的业务目标是重新安排能源节约来为推迟的维护项目提供资金。资本金将由公用事业预算节约提供，而这个预算节约是因为对高效的能源生产、分配和消费系统进行了全面的、整合的投资。

爱荷华大学项目团队设定了一个将能源预算降低 30% 的业务目标——大约每年节约 400 万美元。

随着项目规划取得进展，我们了解到爱荷华大学有一个 25MW 的火电厂。由于来自当地公用事业公司（Mid-American）的旨在阻止爱荷华大学发电厂运营的价格激励，该发电厂仅生产 8MW 的电力。公用事业公司对爱荷华公司购买电力收取阶梯电价：

（1）低于 14.5MW——每度电 3.3~2.4 美分。

（2）14.5~35MW——每度电 1 美分。

（3）高于 35MW——夏天每度电 10 美分，冬天每度电 6~7 美分。

由于运营发电厂的生产成本大约是 1 度电 1.8 美分，看起来当爱荷华大学可以花 1 美分购买电力时生产额外的电力并不是一个好的经济决定。然而，爱荷华大学也在与 Mid-American 公司就电费进行重新谈判。

对爱荷华大学来说这个解决方案涉及若干举措。首先，项目发现爱荷华大学的建筑物需要升级照明系统，更换供热、空调和通风设备并安装控制系统。我们发现的另一个主要机会在校园的学生宿舍。尽管发电厂捕获废热来为面积广大的校园的一部分提供热能和空调，但不是所有的校园设施能够得到供应。校园的学生宿舍有陈旧的蒸汽散热器，温度是通过开关窗户控制的。学生宿舍有旧的窗式空调器，而且不在校园区域冷却系统的服务范围内。建立能源效率的方法在下面的图 6-9 中得到说明。注意，照明和学生宿舍升级的简单回收期分别为 15.3 年和 163.6 年。对大多数投资者来说，这些项目将绝不会被包括在用节省的资金来自行偿付的投资中。

第 3 步——方框 9
爱荷华大学例子

设施投资			
	年节约	总投资	简单回收期（年）
照明	$185585	$2.8M	15.3
空调通风	$747185	$3.0M	4.1
控制	$646181	$2.3M	3.6
空调通风升级—学生宿舍	$96507	$15.8M	163.6

图 6-9　建立能源效率的方法

通过将照明和中央冷却水系统延伸到学生宿舍进行整合，发电厂的效率能带来 2610 万美元的投资和每年 380 万美元的节约（见图 6-10 整合的设施投资）。所有的设施投资都被合并到一个融资中。每年的能源预算节约可以在不到 7 年的时间内（综合简单回收期为 6.8 年）偿付资本成本。

第 3 步——方框 9
爱荷华大学例子

整合的能源供应系统			
	年节约	总投资	简单回收期（年）
设施升级	$1.5M	$24.0M	16.3
发电	$1.6M	$0	0.0
蒸汽生产	$0.7M	$0	0.0
冷却水生产	$0.06M	$2.1M	35.8
总计	$3.8M	$26.1M	6.8

图 6-10 整合的设施投资

爱荷华大学没有一个电网从其发电厂为校区的所有设施供电。一个为全部校区供应电力的连锁电力网的成本被包括在项目成本中。爱荷华大学项目的结果表明该大学可以在 20 年中筹集价值 4300 万美元的投资。按折现率 8% 计算，净现值为 1200 万美元。每年的节约与每年的债务比率为 119%。

这个大学的平均千瓦时成本为 3.2 美分。会发生什么？

首先我们能够减少为校区建筑物提供服务所需要的电量，从而在夏天几个月中节省电力并减少空调电力负载。

其次，通过将学生宿舍加入区域冷却系统，空调的电力成本被进一步降低。通过增加使用来自发电的热能，能够实现更大的燃料效率。

再次，安装连锁电力网也能够提高发电厂的发电效率。现在爱荷华大学可以将电力分配到校园的其他区域。

在与 Mid-American 进行谈判后，爱荷华大学将其电力生产增加到 20MW。Mid-American 提出为大学将电力传输到其他校园设施并在 Mid-American 需要生产能力来向其他用户提供电力时为爱荷华大学额外的电力生产付费。图 6-11 描述了爱荷华大学购买的电力和生产的电力的变化以及每年的成本。

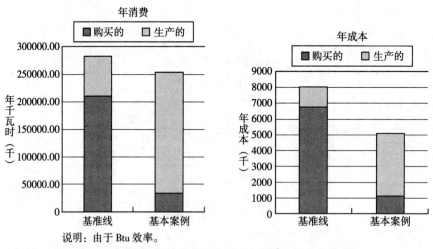

说明：由于 Btu 效率。

图 6-11　爱荷华大学电力购买、生产情况及电力成本

Mid-American 已经将爱荷华大学的能源供应系统整合到它自己的发电计划中。它正在依赖爱荷华大学的发电和效率投资。尽管爱荷华大学愿意承担融资、施工和运营其能源供应系统的所有风险，对于大多数机构来说有钱来为升级提供资金并承担随着时间的推移节约可能出现的风险并不是一个标准的做法。对爱荷华大学的投资机会做出的评价是保守的。Mid-American 可能通过承担完成项目、运营爱荷华大学的能源供应系统、购买燃料并在发电厂需要维护时提供电力而获得回报。

说句离题的话，爱荷华大学正在使用废燕麦皮来为其发电提供燃料。祝贺！

6.5.1 用户和能源供应系统收益

以最小的 Btu 获得能源供应并从公用事业公司购买补充的、维护的和备用的电形成了一个基准，所有其他技术和业务安排都可以根据这个基准进行评估。应用于用户能源要求和供应选择的基于网络的信息技术使得用户和能源供应商可以进行沟通并将设备的调度最优化。

将用户发电和负载管理与能源供应商发电和传输进行整合可以节约能源和资金预算，这笔节约资金可以偿付用户基础设施投资的债务并使能源供应能力得到更大的使用。此外，用户能源使用的减少大大降低了对公用事业公司建造更多发电和传输设施的需要。

整合的业务规划使得用户和能源供应商为他们的设施确定通过实现能源和维护效率的提高而成为可能的投资潜力水平。没有这个认识，用户将不能把可供替代的能源燃料、技术和购买协议的收益进行比较。用户将被迫找到额外的资金来为陈旧的能源基础设施的替换付费。

以一种全面的、整合的方法来使用基本的能源供应投资规划方法论不仅能够建立信任，而且能为用户和供应商改善经济状况做好准备。该方法论使得投资者理解：如果他们什么都不做将会发生什么以及对其个人和业务目标产生什么影响。可以对可供替代的技术、合同和财务方案进行比较。可以对与运营和维护电力、天然气、供热、制冷和其他能源供应系统的结合相关的成本影响进行管理。能源预算节约成为了为基础设施的升级付费的工具，这种升级不会节约能源但是需要这么做。

最重要的是，存在一个数据库和计划，它们将使得供应商满足用户能源需要并降低成本。供应商是否选择通过成为一个业务合作伙伴来获得利润是第 8 章要讨论的问题。

第❼章 一个"现存的"业务规划

摘　要：能源投资意味着高风险，除非业务规划假设可以实现自动更新，而且影响得到报告。作者介绍了一个财务工具，通过这个工具，决策者可以在任何时刻看到投资的价值，设施运营者可以在实时价格信号的基础上指导设备的运行。作者介绍了更新标准的财务报价单的"现存的"能源供应系统财务模型。伊利诺伊州立大学的一个报价单和四份其他的报告被作为例子进行展示，而且对每个部分都作了解释。

加州州立大学、戴德郡、佛罗里达和旧金山国际机场的例子强调了使用基于网络的软件来更新、传递和报告整合的能源系统投资状况，尤其是在债务期限内的重要使用。信息流图表强调了那些必须得到测量和通信的重要预算项目和数据。

作者介绍了"基于绩效"的投资这个术语来为所有可能影响复杂的能源供应投资的人以及承担财务风险的利益相关者共享信息、就正在发生的事件进行沟通以及获得及时结果的需要提供证据。

关键词：债务期限；财务工具；现存的业务规划；测量的数据；基于绩效的投资；报价单；风险；利益相关者

7.1　信息和通信

2002 年 1 月，我在圣地亚哥美国海军能源政策筹划指导委员会的会议中，了解到 9 个不同的行政部门影响着圣地亚哥地区海军基地的能源成本。看起来似乎有 1500 个职务，所有人都有工作做，但是所有人为不同的行政部门工作，在不同的假设下，没有一个共同的业务目标。能源供应合同、资金规划、设备和建筑物项目设计规格的制定、施工进度计划、融资、施工管理、公用事业的运营、设施维护分散在不同的决策实体中，这里仅仅列出了几个功能。建筑物的占有者也对发生的许多变化产生影响。

在圣地亚哥地区以外，华盛顿特区和其他地方存在着各个层次的决策者，他们也会制定影响成本的政策。一个人如何能够直接保留所有不同行政机构的信息和活动？

筹划指导委员会的一个成员向我提出的最令人惊讶的问题是，"你能为我们做这个（实施 Opassess）吗？"我的回答是："不，你们自己做这个。海军最高层人员需要致力于整合的规划和通信。我可以通过 Opportunity Assessment™ 提供工具和过程，但是所有的海军领导和行政机构要选择使 Opportunity Assessment™ 成为一个标准的商业惯例。"

海军对于 3 年的努力和几百万美元投资机会的反应是："我们不得不应对海军的范式和文化，包括地盘的所有权和个人只通过他们个人哨房的窗户就能以自己的观点看待事务。此外，项目的时间选择与 1999~2002 年的时间框架中的许多不同需求和问题是相互冲突的，这使得它很难使他们与今天相比来关注明天。核心问题……对于海军来说项目没有得到实施的大部分原因是内部原因。"

不幸的是，我的经验是：导致海军的浪费和高成本的同样的通信和领导分歧实际上存在于每个机构和大中型企业中。需要做出能影响能源、运营、维护和资本成本的决策的人数可能非常多。例如，财务决策者问："如果我们支持一项依赖于对能源预算节约的投资，我们如何知道我们实现了节约？"公用事业运营人员想知道："我如何知道白天里的运营成本是多少，从而我能知道什么时候开启和关闭像冷水机这样的设备？"购买（采购）是就一个新的天然气合同进行谈判，这需要了解：合同中哪些特别的条款将满足我们的运营和更低成本的要求？

想象一下，要求一组人提供服务和控制成本而不给他们一个共同的业务规划。有责任心的工作人员将尽他们的最大努力，但是他们将像没有海图的人航行一样，而且不可能避免互相撞到。

最新的信息和通信对于能源供应投资和风险降低来说是重要的。一旦所有的信息都被整合到业务规划中，人们必须在假设发生变化时进行通信。如果预算的节约对于支付债务和运营来说是必要的，所有那些工作会影响业务规划假设的人不得不互相通信并了解假设变化时带来的经济和可靠性后果。财务决策者想要了解对盈亏总额的影响。

7.2 基于网络的财务模型软件

将所有数据和计算结果输入一个基于网络的软件程序中可以降低建立一个假设的金字塔来决定升级和运营新的能源公益系统的经济价值和策略的复杂性并对其进行管理。因为能源市场和用户的能源需求是动态的，能源计划假设必须根据实时数据得到更新。仅仅将能源投资计划写在纸上意味着计划从一开始就过时了。

能源供应系统财务模型软件对于获得能源基础设施的效率来说至关重要。整合的业务分析使得使用者可以评估投资项目的潜力、获得融资并在债务期限内进行资产管理。复杂能源基础设施相互影响的性质要求一个强大的财务工具来获取运营和能源数据并评估收入和成本影响。财务模型充当一个工具来对可供替代的假设进行比较并确定能够导致预定利润水平的营业期。

在第6章中，我们仔细研究了伊利诺伊州立大学的投资报价单。在报价单的收入和现金流的财务报表中，每年的收入和支出都列了出来。正如读者所意识到的，需要许多数据和假设来在每个报价单的支出和收入分类中完成计算。对于任何单个年份、月份、日期和小时，诸如购买电力的价格这样的重要假设会发生变化并影响盈亏总额的现金流数字。首先供应系统的运营者需要知道电力成本变化的时间和持续时间。他们还需要了解以当前负载和设备运行条件为基础的价格变化产生的影响。

可以为设备控制系统编程来根据商品价格信号开启和关闭设备。购买电力的单位成本高的这样一个信号可能导致开启由热能提供动力的冷却机（吸收式制冷机），或者如果设施安装了热能存储，系统可能利用存储的冷却水来向空调器提供冷却水能。任何数量的技术选择都可能服务于不同的设施。然而，诀窍是拥有实时信息，由此人们可以评估财务影响、实施运营选择。

在能源有效投资中，信息技术的重要性不能被低估。实际上，将现有信息技术尤其是设备控制与新软件整合是一个巨大的商业机会。为了使整合的能源供应系统投资和运营获得成功，决策者必须拥有实时的信息和通信系统。建立业务规划还不够，这个规划必须作为一个活的业务规划得到更新和管理。

决策者首先需要将可供替代的技术解决方案、运营策略、融资和所有权结构、燃料选择和风险降低的经济利益进行比较以选择最好的投资计划。所有数据和计算的自动化使得决策者不仅可以评估投资的最好解决方案，而且可以跟踪市场变化从而可以实现持续的最优运营。最后，报告的自动化将持续向财务决策者说明盈亏总额的影响。

7.3　能源信息和管理系统业务和功能目标

1998 年，LAS 与加州州立大学系统能源负责人共同制订了能源信息和管理系统行动计划。这项工作的目的是推动加州州立大学的专业人士通过自动化报告的过程。最初的目标是降低和管理能源价格并管理与自我筹资、基于绩效的投资有关的风险。基于绩效的投资是资本投资，在这里债务是通过能源运营预算的节约来支付的，而这种节约来源于更低的能源单位成本和更少的能源消费。

加州州立大学的业务和功能目标是获得先进的能源信息和管理硬件、软件的系统，这些系统将使他们能够完成下面这些业务目标的自动化：

（1）在同时发生的基础上准确测量、通信、分析和报告设施/系统内处于分散位置以及所有校园设施的电力、蒸汽和冷却水的实时能源生产、分配和消费数据。

（2）确定实时建筑物和生产系统（也就是电力、蒸汽、冷却水和热水）能源基准线使用、费率和开具账单的参数，尤其是离散的和整合的负载数据（供给方最优化和合同）。

（3）提供能源运营、维护和财务会计成本控制的基础。

（4）为了实现效率、单位成本控制和可靠性对建筑物和设施系统的升级进行评估和制定规范。

（5）评估建筑物和系统增长及新的能源负载资本扩张。

（6）核实能源运营和维护预算的节约来为资本升级付费。

（7）获得和管理可靠的和成本有效的能源供应。

（8）在成本有效的运营、维护和资本投资、能源采购合同和其他成本控制投资和运营决策的基础上测量、分析和管理能源生产、分配和消费系统。

（9）拥有软件集成，它使得设施可以与来自许多计量系统的计量数据进行通信，而进行通信的方式是在任何所选择的能源使用整合与市场价格信号相比较的基础上数据可以得到分析、报告和控制。

（10）监测和证实能源节约并管理实时能源定价所导致的运营成本影响。

（11）拥有一个开放的信息交换协议通信系统，在这个系统中所有的软件可以对接。

（12）获得和管理高效的能源系统服务和能源供应采购来降低成本。

（13）拥有经过培训的员工来操作能源信息和管理系统。

（14）拥有准确的并提供协同工作能力的兼容测量技术。

将人的身体想象成一个能源信息系统。测量通过神经末梢发生，神经末梢接收数据并通过脊柱将数据传输到大脑来处理和发出指令。设施经理现在的工作没有中央处理器或大脑。大脑是整合的能源计划所在的位置。新数据的及时输入可以得到计算并与最初的投资计划进行比较。构建在计划中是设备运营和控制选择，这些选择不仅可以报告财务影响，而且可以通过自动管理的设备控制成本。

现在存在记录数据的所有类型的测量仪器——能源计量表、能源管理控制数据记录器和其他仪器。一些仪器自动传输数据和控制设备，但是现在收集的大多数数据是有限的，充其量是那些综合和管理整合的能源供应和需求系统所需要的数据被收集并且被许多执行不同功能——设施维护、采购、融资、编预算、设计、施工、公用事业运营等——的不同人零散地处理。这些功能中的大多数并不与同一个基准线数据协作，因为每一个功能都建立它们自己的业务规划、预算之上，并做出每天的决策。几乎不存在一个重要的信息系统，能使所有执行会相互产生影响的功能的人进行通信。

2000 年，被称为 Opassess 的基于网络的软件被开发出来，其目的是为设施和其他决策者提供"大脑"。通过运行 OA 来建立的主要能源投资和运营计划将接收和整合来自其他设施测量和控制信息系统的数据。通过使该工具以网络为基础，将促进新数据的自动化并使得可以对技术、业务和能源市场变化进行比较。Opassess 将成为"大脑"。用户可以签合同来使用 OA 或者可以购买软件在内部使用。数据安全足够强大，可以从美国海军获得批准来允许基地数据存于基地之外的场所。

图 7-1 和图 7-2 这两个简单的图表说明了设备运营数据和能源使用数据需要如何被检索、分析和自动报告。一旦数据被整合到中央处理器或"大脑"，它们可以计算和报告正在发生什么，以及现金流是什么情况。此外，它们可以指导能源控制系统采取成本控制措施。

图 7-1——通信设备运营和能源使用数据——提供了建筑物、分配和能源生产系统中包含的一些设备的例子，在这里预期的运营表现的变化可能影响盈亏总额。

图 7-2——自动化的数据检索、评估和报告——介绍了信息流来了解能源商品的成本发生了什么。根据能源类型的时间临界性，设施经理可以选择测量是否需要被自动化以及测量的频率。不太可能需要对预算增加的评估每年超过一次而要求对电力成本进行实时测量。报告主要需要监测增长和增加假设并将它们与业务规划进行比较。

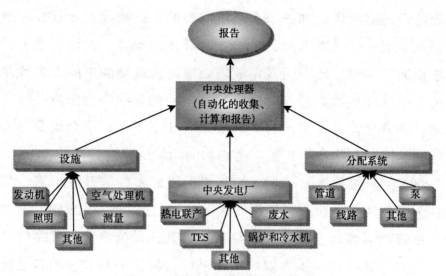

图 7-1　通信设备运营和能源使用数据

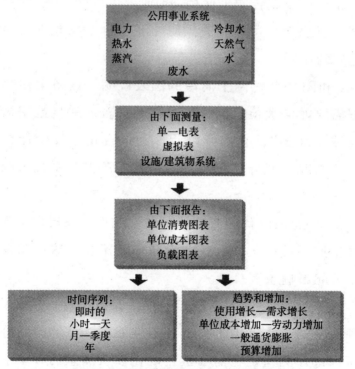

图 7-2　自动化的数据检索、评估和报告

7.4 信息成本控制

有很多个层面的信息成本控制。例如，在开始一个新投资的过程之前，设施经理想要确定他们正在有效地运营和维护他们的设备而且他们购买能源的价格是最好的。

将戴德郡能源账单的细目自动化的重要性为该郡做出的所有购买能源、运营和维护设施以及对设施和设备的升级进行投资的决定提供了支持。对于在戴德郡能源预算中占有压倒性比例的电力成本，将这个重要数据自动化使得该郡可以开始评估并了解其所有业务目标、增长决定、能源政策和市场变化的成本影响。

负责批准电价上涨的佛罗里达州公共服务委员会要求任何民用电、商用电或工业用电价格上涨都不得超过 38%。当能源管理办公室实施 FPL 系统所提出的电价新结构时，郡医院、监狱、机场和其他大型设施的价格上涨了 67%。这是对公平的一个强有力的论据并为该郡节省了几百万美元。

自动化的能源信息财务系统还支撑了实施基于绩效的投资的决定。当我被告知该郡因为没有资金而没有检查其设施从而没有确认效率改进时，这个信息只是鼓励我来论证导致效率的节约。能源管理办公室立刻启动了对设施运营和维护需要的技术和经济评估。

五种类型的基于绩效的投资项目得到了实施。第一个是行为的。郡图书馆部门主任同意由能源管理办公室人员向图书馆工作人员提供培训来讲解他们的能源账单并向他们展示如何能够操作消耗能源的设备以及在能源预算中省钱。对于得到证实的能源节约的奖励是将所节约资金的一半交由他们处置。

能源管理办公室人员走进 Coral Gable 图书馆进行培训的那天非常凉爽而且下着雨，图书馆的工作人员都穿着毛衣。即使工作人员尝试打开恒温器来关掉空调，空调仍然在全力运转中。当我们聚集在一起检查温度设置时，能源管理办公室人员发现温度调节器设定得非常低，空调正在为了降低温度运转，我们重新将温度调节器设置在一个合适的水平，每个人都开始觉得更加舒服。我们继续讨论通过控制设备来降低费用的更多措施，这个图书馆的努力使他们比上一年节约了 57%的费用。

然后能源管理办公室开始培训郡设施经理，这些人员负责所有主要设施的运行。我们也数不清花了多少时间来帮助设施经理在更好的能源价格上运行他们的设施并改进设备运行使其尽可能的有效率。这项工作对于获得运行效率和能源消费的一个合适的基准线是很重要的，从这个基准线中可以确定对设备升级进行投资的价值。

随着培训的进行，预算办公室设立的循环能源投资基金为小额的资本投资提供了资金。对诸如指定建筑物的照明、泵、发动机和预防性维护这样的能源和成本节约改进进行的监测显示出非常快的回报。

能源管理办公室与郡各个部门达成交易，能源管理办公室将为效率措施付费并从每个部门的预算中收取 1~2 年由此产生的节约作为回报。这些措施如此快地导致了节约以至于这些部门决定为它们自己的改进付费并保留节约的费用。

能源基金最终提供了种子资金来为第一个总务部的预防性维护项目进行支付。能源管理办公室表明了来自进行预防性维护和采取低成本能源效率措施的成本节约。

小的基于绩效的投资的成功使得该郡同意考察进行更大资金的投资来替换陈旧的、低效的空调和其他主要建筑物系统，甚至是漏雨的屋顶。一个能源服务公司进行了超过 100 万美元的私人投资在

5 座建筑物中进行设备改建，这家私人公司收到了因为升级所节约下来的一部分能源成本，财务系统跟踪成本的节约。

在几年之内，该郡决定利用一个一揽子租赁的财务结构来实施 1500 万美元的能源基础设施投资。然而，困境是该郡设计、采购和施工非常慢而且是分散的。一旦投资的资金被移交给另一个部门来完成设计、采购和施工，对节约的跟踪就不可能了。

避免好的郡雇员得到坏名声，这个问题存在于美国的每个机构中。正如我已经提到的，与使项目按时按预算建造有关的成本经常会使资金成本（原料和人力）增加 25%~100%，在这些项目中，机构的员工得管理设计、采购、并在现有的采购规则下施工。常常是，一旦项目完工，它便不再恰当地运行并需要继续提供资金。

7.5 全局考虑

无论关于如何改进可靠性和降低成本的决定是什么时候做出的，做出任何决定的基础主要是拥有信息管理和报告决定的结果。

上面讨论的戴德郡的例子主要关注了公用事业的记账、费率结构和建筑物的能源效率改进（需求方管理）。这些能源效率举措和投资被局限在从单个设施和部分的设备所导致的节约中获得资金。它们没有被整合在一起。

建立能源有效基础设施的意愿意味着将所有能源供应系统进行整合。至少，Opportunity Assessment™ 方法论应该被应用于所有的能源供应系统来建立和重建电力生产和传输系统并与用户的发电和传输系统相结合。随着电容需求被确定，业务投资规划过程需要遵循 OA 过程。数据采集和分析的自动化使得规划过程可以考虑大量的各种系统技术和财务解决方案。一旦一个投资计划被采纳，利益相关者——工程师、财务人员、采购人员等，所有人都可以获得整个计划以及他们的绩效参数。

7.6　与当地公用事业的整合

旧金山国际机场与 LAS 在 1999 年签订合同对机场的电力可靠性进行业务投资分析。当为机场提供电力的电网出故障时，机场副区的运行也会停下来。停电已经给机场造成了一天几百万美元的损失，因为它们不能处理乘客和行李流。

从根本上说，旧金山半岛位于一个传输网的末端，很容易出现停电状况。实际上必须进口所有的电力来满足城市的用电需要。"太平洋的门户"可以应对飞机但不能应对乘客。由于该机场的扩建正在施工中，可靠性越来越引起人们的关注。

LAS 和机场工作人员都认为机场不能控制电网，因此评估可靠性的唯一方法是确定一个在当地发电的解决方案，由此机场可以为自己提供电力。所有能源供应商提供的其他选择需要与机场自我发电的选择相当或优于这个选择。项目目标是制定一个初步的业务规划，这个规划的焦点是旧金山国际机场可以为它自己做什么从而以最低的成本和最小的风险对其 100% 的电力可靠性进行投资。

首先，有必要预测由于机场扩建，对电力、蒸汽和冷却水的新需求是什么。不幸的是，机场工作人员早已购买了供热和制冷设备，这就不能充分利用电力生产所产生的废热。全面的技术解决方案包括减少能源需求的能源效率措施、三个发电机、一个来自位于机场旁边联合航空公司热电联产发电厂的连锁电力网以及能源信息系统和其他成本。预计整合的能源投资计划将为 1.67 亿美元。机场 1999~2000 年每年预算中超过 1500 万美元可以被转移来为资本提供资金。在第一年中的所有支出被花费掉之后，这个项目有一个业务预算正现金流。

旧金山国际机场最初关心的是它不想与旧金山的电力市政企业 Hetch Hetchy 进行竞争。LAS 的回答是："让 Hetch Hetchy 为机场的能源供应筹资、建造和运营，并保证可靠性。"只要 Hetch Hetchy 能够保证可靠性，项目中就有足够的现金流来在机场和 Hetch Hetchy 之间分享利益。如果将合适的信息和通信软件落实到位以使得机场和公用事业公司人员可以协力合作，将机场的发电与当地市政公用事业公司进行整合可以产生双赢的结果。

7.7 总 结

对金字塔规划过程的回顾表明了每一层假设的敏感性，因为假设建立在彼此的基础上。金字塔较低层次上的假设可能发生变化。需要自动化来尽快评估变化的影响，由此可以做出管理的调整。

在业务规划过程的开始阶段，所有涉及规划过程的人必须就假设达成一致。诸如电力价格上涨的假设是由市场推动的、动态的。必须在投资的总成本中包括将市场推动的假设进行更新的自动化信息技术。业务规划假设、技术和财务数据必须为所有建立假设并需要随着时间的推移跟踪和修正假设的人获得。

一个基于网络的业务规划使得每个人都可以看到个体的变化对整个经济的整体影响。由于需要在使用时间的基础上管理电力、蒸汽、热水和冷却水的单位成本，业务规划软件应该自动计算这些成本并对设备的控制提供指导。例如，如果冷却水的电力生产超过一个指定的成本临界值，能源管理系统可以自动关闭电动式冷水机组并开启以热做动力的冷却设备。

能源供应商可以跟踪财务影响并指导位于用户端设备的能源生产和负载管理与中央发电厂和传输调度的整合。整合和管理所有能源供应系统选择的经济利益可以对于用户和能源供应公司都是最优的。

第❽章　来自附加值的利润

摘　要：通过列举三所大学（南加州大学、新墨西哥大学和爱荷华大学）的例子，作者介绍了能源供应公司是如何仔细研究投资项目并从附加值业务安排中获益的。她解释了如何实现附加值的目标以及其他相关的经济利益。这些案例的经验表明了如何安排交易并分享利润。作者还给出了关于建筑物设备、供热、制冷和电力系统的整合投资降低资金、财务、实施成本和风险并改善财务控制和报告的证据。最后，作者将发生的事情、失去的机会和文化障碍与使供应商和用户共同对供应系统效率进行投资联系起来。

关键词：业务安排；文化障碍；交易结构；财务控制和报告；附加值

8.1　变　化

我们如何将电力生产商的目标从仅仅建造更多的发电站和传输能力并从销售商品中获得利润转变成从能源节约和对用户端的能源

供应系统进行投资中获得利润呢？我们的目标是在附加值的基础上获得回报。通过实施用户能源系统的投资，可以带来运营预算的节约。如果生产商利用他们在电力行业的专业技术和资源来将用户能源系统包括进来，那么用户的节约可以为供应商带来投资利润。

也许证明观点的转变对于从附加值中赚钱来说是必要的，最简单的方法就是讲述两所大学的附加值项目，这些项目最初得到了投资能源生产设施的公司的仔细审查。

8.2　南加州大学

8.2.1　能源投资者的计划

1995 年 8 月，南加州大学收到了一家能源投资公司（投资者）关于实施整合能源投资项目的提议。这份提议是与南加州大学成为合作伙伴来有效控制能源供应成本、将校园效率最优化，并完成陈旧的、低效率的设备的重大升级。这份提议是要全面评估、资助和实施能源供应和分配系统的成本有效的升级，包括电力、蒸汽、冷却水和热水。此外，投资将包括对校园建筑物进行翻新和安装自动化的管理系统和能源财务系统，这些系统将在实时的基础上控制、测量、分析和报告能源消费。

这个提议是针对南加州大学帕克校区的，估计投资达 3460 万美元。作为能源供应系统改善的结果，投资者计划将 3460 万美元投资到南加州大学的基础设施而不增加学校的运营预算成本。投资者将其业务利益与南加州大学结合在一起并提供运营的保证。利润将来自 1995 年能源预算的节约，而这种节约产生于更有效率的生产和分配设备。

投资者将提供技术和财务资源以及业务保证来加速南加州大学能源供应系统和设备的扩张和升级。投资者将在性能的基础上获取、建造、运营和维护这些系统并将能源成本控制在 1995 年水平或更低的水平上。南加州大学将使学生、工作人员和来访者立刻获得环境和舒适条件的改善而不用预付资金。

投资的初步范围包括购买和安装一个中央发电厂结构、新的冷冻装置、冷却塔、泵、发动机、线路系统、水管装置、燃气涡轮、废热回收蒸汽锅炉和高压设备。一个拥有挖沟、布置管道和美化环境设备的新冷却水分配系统将冷却设备与大量的校园建筑物连接在一起。此外，建筑物升级包括照明系统、供暖和制冷分配系统、控制和测量设备的升级。提议中还包括设计、采购、施工、融资和佣金费用。

8.2.2 最低成本投资策略

1995 年，南加州大学积极进行被推迟的维护和更新能源设备部件活动。南加州大学需要将其供热和制冷系统升级并安装一个总水管来为在建的建筑物供水。咨询人员的研究表明南加州大学需要超过 2 亿美元的资金用于被推迟的维护。大约有 8000 万美元与机械系统、电力系统和其他公用事业系统升级有关。

南加州大学采取的步骤是随着时间的推移实施设备和设施的逐渐升级，通常采取三个不同的方法：第一个方法是当陈旧的设备损坏、磨损或引起很高的维护成本时将它替换；第二个方法是在全校园范围内在一个系统接一个系统的基础上升级诸如照明系统这样的系统；第三个方法是在一个建筑物接一个建筑物的基础上完成能源设备升级以对所有建筑物采取节约能源的措施来节约成本。

在传统上，南加州大学将新的资本预算基金拨付给被推迟的维护升级。例如，南加州大学已经批准划拨给被推迟的维护预算款项在 1995~1999 年合别为 800 万、900 万、1000 万和 1100 万美元。南加州大学还与一家能源服务公司签订合同来与第三方融资为其老年医学大楼能源设备的更新提供资金并实施项目。

南加州大学的所有努力都证明了能源效率投资可以带来环境和经济效益。然而，由于采用了一个逐渐完成的方法来完成能源供应系统和建筑物的升级，南加州大学没有利用整合的、全面的投资方法所带来的效率收益和经济利益。一个逐渐完成的方法将导致放弃为大型能源供应设备升级而不增加当前运营成本。

为了说明整合的成本/节约的收益，我介绍三个经济例子。

图 8-1——能源节约措施（ECM）成本和节约的总结是有关南加州大学安德勒斯老年医学中心的，它表明了利用对诸如照明和空气分配系统改善这种被推迟的维护进行升级所导致的运营预算的节约，来支付例如新的制冷设备之类的设备升级所产生的经济效益。由于被当作一个独立的决定来替换建筑物的冷水机组，新制冷机设备的投资回收期将超过 14 年，这个制冷机组也是单笔成本最高的建筑物翻新。出于对环境和可靠性的考虑，南加州大学不能避免进行设备替换。尽管对诸如照明效率这样个别系统升级的投资将导致能源预算的节约，但是逐个对能源供应系统升级不能总是允许投资回收期短的项目从运营预算中为制冷设备之类投资回收期长的项目付费。

图 8-1 表明投资回收期为 2.5 年和 4 年的项目有助于为投资回收期更长的冷水机组投资，并为不能每年产生节约的重要设备增加支付费用。注意，通过将老年医学中心的所有项目组合成一个单一的投资，简单投资回收期是 7.33 年。如果项目周期定为 15~20 年并

且能获得经费，那么每年的能源节约将在设备寿命期内超过债务成本和未来的维护成本。如果新的制冷设备和冷却塔在更晚的时间实施，那么作为结果出现的运营成本的节约将不能抵消对新的资本预算资金的需要。能源节约措施 7~9 表明没有能源的节约。尽管这些能源节约措施将导致一些节约，但是工程师会选择在分析中保守一些。如果每个措施是逐个完成和实施的，南加州大学将不得不拨出更多的款项来为这些重要的成本控制措施支付费用。

	净成本（$）	年能源节约		简单回收期
		（$）	%	（年）
照明改造	94829	23948	7.50	3.96
双风道变风量空调系统	81190	32742	19.20	2.48
冷却塔改造	10286	1755	1.10	5.86
新制冷设备	165265	11668	7.30	14.16
控制	120470	0	0.00	0.00
监测	8450	0	0.00	0.00
再度投入运作	18495	0	0.00	0.00
技术审核设计调查	15520	n/a	n/a	n/a
总计	514505	70113	35.1	26.46

图 8-1　能源节约措施（ECM）成本和节约的总结

　　南加州大学进行全面翻新的下一个建筑物是奥林会堂。一份建筑物翻新分析表明，对这个项目的投资与安德勒斯老年医学中心非常相似。南加州大学的工作人员报告，这两个建筑物都代表了在校园范围内进行效率投资的机会。一个好的基础被建立起来以对所有的建筑物翻新措施进行全面投资并最终导致了一个建筑物和能源供应系统的整合策略。

　　图 8-2——最优能源供应系统规模——记录了南加州大学在采取整合的系统投资策略后发生了什么。通过改善安德勒斯老年医学中心的照明和其他系统的效率，从照明中产生的热减少了。安德勒斯老年医学中心的新空调设备的规模可以从 280 吨减少到 200 吨。不

仅用来购买设备的资金成本从 21 万美元降低到 16.5 万美元，而且每年用来运行规模更小的冷却设备所需的能源也导致了电力成本的下降。考虑一下降低所有建筑物的冷水机组的规模和运行成本所产生的影响。

	最初	最优
制冷设备容量	289 吨	200 吨
预计替换成本	$210000	$165000*

注：* 包括 15% 的冗余度。

图 8-2　最优能源供应系统规模

随后能源服务提供商评估安装中央空调并将冷却水输送到校园的建筑物（区域供冷）的成本/收益。将区域供冷项目与替换单个建筑物中现有的冷却设备进行比较，尽管这两种冷却设备替换方法的投资回收期都超过 20 年，但是建造新的中央冷却设备和输送系统的成本几乎是更新建筑物中冷却设备成本的 2 倍。

然后项目开发者和工程师就想："如果我们安装一个小型发电机，在这里发电产生的废热可以被捕获用于校园建筑物的供暖和供冷，那么会发生什么？"对一个向校园建筑物提供热、冷和部分电力的中央整合能源供应系统进行的初步评估表明，这个方案对于完成更大范围校园的能源供应系统升级在经济上是有吸引力的。

图 8-3 介绍了通过将对建筑物效率措施进行投资、自我发电、区域供热和供冷结合在一起来整合南加州大学的能源供应系统的收益。注意，校园对电力的需求被缩减了超过 5MW。冷却水需求几乎减少了一半。中央冷却水的生产可以根据对冷气的需求进行，由此使得设备可以被开启和关闭而不是在只需要很少的冷气时不得不运行大型机器。尽管诸如冷却水系统这样的一些投资成本的投资回收期很长（28 年），3200 亿美元的整合项目投资表明，简单回收期为 7.4 年。

综合收益	负载		总计成本	能源节约
	当前	整合		
DSM/负载减少	22 MW	16.8 MW	$12000000	$2000000
自发电	0	5~6 MW	$6000000	$1600000
热电联产产生的蒸汽	0	15~20 mlb/hr	$0	$150000
冷却水系统 *	7041 tons	3600 tons	$140000000	$500000
总计			$32000000	$4300000
总简单回收期				7.4 年

注：* 必须进行的升级。

图 8-3 整合南加州大学能源供应系统

8.2.3 更低的实施和资金成本

能源供应商的提议是要建立一个单独的风险企业来实施整合的能源投资项目。他们证明了整合的项目将减少对南加州大学人员和时间的要求，从而可以实施该大学被推迟的维护项目的一大部分。南加州大学的人员的时间成本和在单独提出竞争性竞标下逐步签订合同的成本都将下降。

新风险企业将消除通过签署固定价格的合同来对整合的项目进行设计、采购和施工从而按时按预算进行项目的风险。预计价值将达到总项目成本的 15%。此外，项目将在 2 年内完成而不是 5 年或更长时间，利用立刻产生的效率节约和更低的资本成本，将不再需要在被推迟的机构内进行维护工作（如照明的更换）的员工时间。

8.2.4 降低的经营风险

能源投资者向南加州大学提供了大量的技术和运营资源、财务经验和几十亿美元来自能源供应公司的保证。该公司及其附属机构表明了在绩效的基础上筹资、开发和运营能源供应系统的能力。

投资者致力于通过对项目进行产权投资以及在绩效保证的基础

上获得投资回报来将自己的商业利益与南加州大学的利益结合在一起。南加州大学将获得一个可以在以竞争性的价格提供长期、可靠、符合环境要求的能源商品来源的同时保留对市场变化回应的灵活性的业务伙伴。该项目的绩效保证不仅应对了确保设备和系统按规定运行的风险，而且提供了连续运行 15 年的保证。

运营成本控制的一个重要组成部分是获得批发天然气的采购。为了降低成本，应将电力服务和对实时能源使用的控制最优化与对补充的和紧急情况下的电力购买的谈判和采购结合在一起。投资者承诺提供这些服务来帮助以竞争性的价格确保长期、可靠的天然气和其他能源商品的来源，同时保留对市场变化回应的灵活性。

总的来说，投资者建议承担南加州大学的主要风险。上面讨论的主要风险包括融资、按时按预算进行项目以及确保项目不仅在项目之初而且在整个债务期内都按计划运行。

8.2.5 改善的财务控制和报告

除了能源成本控制和长期燃料采购的专门技能，该项目还包括安装自动化的能源测量、分析和报告软件以有效地管理单个设施、系统和设备。设施和设备能源数据将在实时基础上得到测量。这个信息将与软件进行整合，这个软件可以对与最初的业务投资计划相比市场变化产生的财务影响进行管理和报告。例如，如果电动式冷水机组生产冷气的成本比以废热做燃料的冷水机组的成本低，操作者将知道运行哪个设备。能源供应业务规划的自动化将使管理人员在一个动态的市场中做出决定并提供内部成本控制。

最重要的是，通过选择为空气调节装置将燃料从废热转换为电或者从电转换为废热，系统操作人员可以降低南加州大学的电力需求。在南加州大学的电力供应商不得不开启更多发电设备来满足所有用户需求的时候，南加州大学可以降低负载、避免更高的电力单位成本和减少公用事业系统的需求。[1] 由于更大的能源效率、更低的电力需求、对废热的利用、转换燃料使用的能力以及信息技术所带来的利益，为南加州大学提供服务的能源的 Btu 数量以及 Btu 单位能源成本都得到了降低。

8.2.6 融资策略

使南加州大学的项目成本保持在低水平的一个关键因素是融资的方法。能源投资者和南加州大学决定通过为项目在 20 年的时间里获得最低的融资成本来满足他们的财务效益。项目债务的成本越低，就可以有越多的节约费用被用于项目和获得利润。最初的项目评估表明，1995 年运营预算中能源和维护的节约可以为未来的能源成本和债务支付 3460 万美元。能源投资者建议将融资安排成应纳税的或免税的。南加州大学的目标是能够在其资产负债表中不出现项目债务。

一个初步的分析表明，针对南加州大学的可以实现表外融资的免税融资方案是可行的。这个方案可以通过成立一个特殊目的的非营利公司 （NPC） 来拥有项目的所有权并向南加州大学供应蒸汽、电力和能源节约服务。这家非营利公司可以通过各种已被认可的发行机构发行免税的债务。为了降低可能对于一家新的非营利公司信用的顾虑，投资者提议购买总项目资本成本的 25% 来为更大额的资本债务获得更低成本的融资。

提议中的第二种融资结构是融资租赁。供应商将利用与项目所

---

① 新项目的电力购买价格会上涨。供应商对于对自我发电进行投资的用户有提高补充的、备用的和维护电力成本的历史。

有权相关的税收利益并将税收利益中的一些通过更低的租金费用转移给南加州大学。税法已经发生了变化，但是融资和所有权的创造性安排的概念对于降低项目成本仍然是很重要的。

8.2.7　供应商的利润

在一个像上面所描述的南加州大学项目这样的能源投资项目中，供应商的利润来自下面这些形式的回报：

（1）产权投资的利益。

（2）设计、采购和施工服务费。

（3）运营和维护服务费。

（4）天然气和电力购买中的电力营销费。

（5）补充的、维护和备用电的销售收入。

（6）一定比例的年预算节约，这个预算节约来自实施"附加值"的项目。

通常项目越大、确保获得的节约越多，承担财务风险的公司就能够获得节约费用中的更大比例。供应商获得的税后项目内部收益率通常为25%或更多。

传统的能源供应商仅仅从销售商品中获得利润。对于选择成为投资者以及用户的业务伙伴的供应商来说，建立在附加值基础上的风险公司给他们提供了实质上非常大的获得高得多的利润的投资机会。能源供应投资是从节约中创建的，对于将增加用户的成本并导致环境影响增加的新电厂和传输系统的需求将大大减少。

随着我们讲述其他用户投资的经历，我们将揭示出供应商获得的更多经济利益。

8.2.8 南加州大学发生了什么

尽管南加州大学愿意与投资者一起实施项目，但是投资者一直推迟项目，直到另一家公司夺走了该项目。最终，南加州大学实施了其附加值项目的一部分。能源投资者的企业文化还没有准备好将模式转变为从附加值中赚钱。

8.3 新墨西哥大学

8.3.1 问题

就在南加州大学就如何为其能源和水系统的改造筹得资金而奋斗时，新墨西哥大学报告了其陈旧不堪的基础设施的严重问题。尽管一个冷水机组的预期寿命大约为 20 年，新墨西哥大学的冷水机组平均年龄为 23 年，而其中一半的容量已经超过了 27 年。锅炉的寿命约为 25 年，新墨西哥大学的 5 个锅炉中有 4 个已经超过了 25 年。新墨西哥大学 1/3 的建筑物不能通过其能源管理计算机系统进行远程控制，因为已过时的部件出了故障却不能找到可以替换的部件。

新墨西哥大学的能源需求超过了其生产能源能力的 20%。预计规划中的新校园建筑物将使能源需求增加 20%。学校没有新的拨款来扩大校园的能源生产系统。分配系统和发电厂设备的故障越来越频繁。

历史上，新墨西哥大学促进对糟糕的能源管理系统进行投资，但是对建筑物设计和能源系统管理的能源节约产生的刺激很有限。例如，州政府为大学实际产生的公用事业成本提供资金。这意味着若大学因为效率提高而节约了资金，州政府就减少新墨西哥大学的预算拨款。因此，新墨西哥大学不能从节约的资金中为效率项目提供资金。

由于多个电力企业进行测量和多重费率的存在，新墨西哥大学的能源采购成本是非常高的。将所有校园电力能源的使用合并成一个账单将降低电力成本。

一般来说，问题是对投资能源效率和升级校园能源采购、生产和消费提供的支持不足。发电厂的维护从来不能得到预算或政策支持，而支付维护基础设施和应对校园扩张的成本需要这种支持。更换系统的折旧提成从来没有出现过。

8.3.2　新墨西哥大学问题的表现

新墨西哥大学报告称，校园电力分配系统的故障导致了主要公用事业工厂、波普乔伊厅（Popejoy Hall）和医疗中心的故障，导致一个大型冷水机组（16%的生产能力）陷于瘫痪的管道破裂，花费了25万美元来维修，而维修后的冷水机组基本上与它发生故障时的情况是一样的。同时两个其他的冷水机组也发生了故障。这使得新墨西哥大学42%的制冷设施不能提供服务，并花费了6个月的时间来完成修理。1994年，三个锅炉出了故障。其中一个是1967年生产的主锅炉。它多次出现故障并被维修了很多次，以至于它基本上坏了（新墨西哥大学，1995）。

新墨西哥大学的工作人员是聪明的、努力勤奋的、有能力的而且具有奉献精神的人。他们的奉献维持了大学的运转。到1995年，公用事业部门的工作人员采取了大量的措施以为新墨西哥大学的基础设施获得资金并降低运营成本。就像几乎美国所有的教育机构一样，州预算中没有资金来为陈旧和不可靠的公用事业系统支付费用。新墨西哥大学的结论是："公用事业部门基础设施的缺乏对于高校来说是一个涉及价值 600 亿美元的全国性问题。新墨西哥大学的问题可能涉及高达 1 亿美元。"

8.3.3　一个机会的金矿

为南加州大学实施能源投资业务规划的同一家能源供应投资公司在新墨西哥大学进行了一个类似的计划。实际上，新墨西哥大学没有进行过能源节约投资。基于非常保守的估计，结果令人大吃一惊。新墨西哥大学有一个能源节约机会的金矿。对于能源供应投资公司的专家来说，新墨西哥大学的问题是一个绝好的投资机会。

新墨西哥大学可以：

（1）升级和扩张其冷却水和蒸汽系统。

（2）增加一个 7.8MW 的热电联产设施，其中包括新结构和高压设备。

（3）实施能源效率和其他建筑物升级。

（4）建造一个新校园电气回路。

（5）安装自动化的能源管理和信息系统。

预计包括设计、采购和施工的增加、突发事件和融资成本在内的费用将超过 4800 万美元。按照南加州大学的交易报价，供应商的内部收益率估计为税前 38.6% 和税后 26.81%。新墨西哥大学的年能源预算为 959 万美元。预计通过实施所有项目实现的年能源预算节约为 540 多万美元，节约了当前能源预算的 56.76%。

通过将大量能源供应投资者的报告用作经济论据，新墨西哥大学成功获得了州的政策支持来建立一家被称为"Lobo 能源"的公司。该公司是为新墨西哥大学理事所有并作为一家非营利公司成立的，新墨西哥大学的公用事业系统资产被分配给它。这家新的公用事业公司之后可以为新墨西哥大学的公用事业系统的升级筹资并实施升级，为所有学校的实体提供公用事业服务。

新墨西哥大学想要保留对其公用事业的全部控制从而所有的财务效益都可以为大学获得。通过建立一家单独的公司，新墨西哥大学可以在资产负债表外为基本建设筹集资金。这个新的实体提供了采购灵活性，改善了公司的服务范围和责任，带来了大量其他经济和管理收益。最重要的是，它可以保留因为采取效率措施所带来的费用节约，把钱拨回用于学校的新资本需求和/或更低的公用事业成本。

8.3.4 附录——新墨西哥的公共服务

为新墨西哥大学提供服务的当地电力企业是新墨西哥公共服务公司。在新墨西哥大学为其陈旧的、不能胜任的和不可靠的能源系统寻找解决办法的同时，新墨西哥公共服务公司遇到了无法满足新墨西哥大学所在的阿尔布开克的电力需求的困难，因为公司的电力传输能力有限。新墨西哥公共服务公司有很强大的发电能力，但是他们不能获得批准建造额外的传输线来为阿尔布开克提供服务。

新墨西哥公共服务公司为什么不能在新墨西哥大学进行电力生产投资从而在解决大学的问题的同时提高对阿尔布开克其他用户的服务可靠性对我来说至今仍是个谜。

8.4　公用事业投资激励

这一章从这样一个问题开始，即"我们如何将能源供应商，尤其是电力供应商的目标从仅仅依靠出售商品获得利润转变为从节约能源中获得利润？"关于南加州大学和新墨西哥大学的能源供应投资机会的描述只是能源供应商更大的投资机会中的一个部分。将用户设施的能源生产进行整合还必须与供应商所拥有的能源生产和分配系统整合在一起。

8.4.1　卡尔派恩——失去的机会？

根据其网站，"卡尔派恩公司是北美主要的电力公司之一，它具有创新性，实现了全面整合并致力于以环境友好的方式满足对清洁、效率和可靠电力的需要"。除了现有的 22000MW 的电力生产能力，该公司的报告称它有在建的 7000MW 的电力生产能力。

卡尔派恩公司经理的目标是将其电力生产的 75% 以约束性合同出售给用户。卡尔派恩获得的利益是增加了其投资的财力。发电机希望处于运转中，而且在满载时效率最高。卡尔派恩对电力生产进行了非常大的投资，并且愿意将每个发电厂的电力尽可能多地出售从而为其投资取得回报。如果新的发电厂一天只需要发电几个小时而且不能充分利用电厂的发电能力，这个业务投资就会遭受损失。管理者追求的目标是使用户签署购买基本数额电力的合同。

将电力生产投资与用户端的热电联产整合起来可以实现卡尔派恩及其客户的财务目标。

8.4.2 融资的第一个规则

为新能源发电厂融资的第一个规则是向贷款机构出示合同，这个合同说明可以通过电力出售获得收入。大多数电力供应商想要100%地利用他们的发电厂。那意味着将每天 24 小时，每周 7 天可以生产的所有电力出售。每当设备只运行一小段时间或在部分负载的情况下运行时，资本成本的收益和能源效率就下降了。

冒着可能出现冗余的风险，用户和供应商希望其供热和电力系统的能源负载曲线是平滑的，希望发电和负载一直是恒定的。结果是资本投资的最优利用和能源浪费的减少。每次用户或公用事业企业不得不对服务于剧增的最大负荷的设备进行投资时，服务于这种负载剧增的设备的资本和能源成本也上升。

8.4.3 大量的负载减少和负载剧增的消除

什么导致了负载剧增？最明显的例子是空调负载。大多数制冷设备都是靠电力运转的，因此在气温最高的季节里，用户对电力的需求最高。

回忆一下南加州大学的例子。老年医学中心的照明系统的更新导致热负载降低，这也使空调的规模减少了 25%。如果南加州大学将其所有的校园建筑物投入一个区域冷却系统中，那么服务这些建筑物所需空调设备的规模可以减小约 50%。导致这样引人注目的减少的原因是每个建筑物的设备规模不得不满足最大需求。如果所有建筑物被组合到一个中央发电厂中，多个建筑物需求的差异就会是一个小一些的数字。更小的生产能力就可以为同样数量的建筑物提供能源。对空调的电力需求就减少了一半。

现在增加一台规模可以提供热能从而有效地为蒸汽或吸入式空调设备提供燃料的小型发电机，满足空调负载剧增所需要的电能就被抹平了。可以获得废热来在气候变化时为建筑物供热。规模更小的电力生产可以提供 2 倍的负载并且帮助用户避免在冬天使用天然气燃烧锅炉的成本。

8.4.4　充分利用供应商和用户能源供应系统

对南加州大学能源供应系统进行的效率投资以及建立小型热电联产发电厂的结果是使南加州购买的电力价格稳定下来。价格稳定下来的原因是南加州大学对购买的电力的需求稳定下来了。

如果能源供应商与其用户结成伙伴关系来在用户端进行能源供应升级，他们将充分利用基本负载的购买。通过将用户设施端的热电联产、负载管理和燃料转化技术与供应商的电力生产混合技术进行整合，供应商可以以一种提高基本发电的使用和控制服务于峰值需求的用户设备的方式管理两个供应系统。现在供应商可以联结和调度供应系统以将发电站和用户能源供应系统的效率最优化。

8.5　信息技术——再一次!

以完成能源供应和需求系统整合优化为目的的信息技术投资加强了供应商和用户之间的通信和信任从而能够协同工作并获取回报。

8.6 电力供应商如何赚钱?

电力供应商避免了建立电力生产和传输来满足空调高峰需求,但也失去了向用户出售电力的机会,因为用户可以在自己那里生产出这些电力。要是供应商拥有并运营用户端的发电机和热能系统,又会怎样呢? 为什么用户会放弃对他们自己的公用事业系统的控制? 用户和供应商如何都获利?

事实 1:用户的公用事业系统陈旧而且不可靠,他们不想用他们的钱或借债来为系统升级支付费用。

事实 2:用户的能源预算可以因为投入更有效率的能源供应系统而减少。

事实 3:用户预算的节约可以支付升级公用事业系统导致的债务。

事实 4:能源供应商拥有知识、技能和资源来建造、运营和维护能源供应系统。

事实 5:能源供应投资计划的一个组成部分是对下面各项支付费用的财务假设:

(1) 给专业人员设计、许可、采购、施工、突发事件、法律和财务费用、其他项目成本。

(2) 给专业人员来运营和维护公用事业系统。

(3) 向股票所有者支付贷款利息或租金。

(4) 向市场营销人员支付购买补充的、维护和备用电以及购买初级燃料 (如天然气) 的费用。

(5) 购买设备的利润。

(6) 支付开发商开发风险的回报。

事实 6：上面所列出的每种赚钱方式都能带来 8%~10%的利润。因此，可以有更多的开发。

8.7　总　结

南加州大学和新墨西哥大学以及能源供应商表明了通过协力合作来进行几百万美元的投资可能带来的重要机会，这些投资是以通过"附加值"或"从节约的费用中得到支付"的方法来为投资的债务偿还和未来的运营成本付费为基础的。

愿意与用户结成伙伴关系的能源供应公司可以在附加值的基础上取得回报。附加值意味着在现有运营预算中能源和维护的节约可以用来为现代化和管理的成本付费。能源供应商分享所有的节约。回忆一下，能源供应公司在新墨西哥大学的税后投资收益率超过了25%。只要能源供应商以低成本提供可靠性，大多数用户都愿意将能源生产委托给专业人士来处理。此外，供应商可以从其现有发电设施得到改进的运营中获得利润。用户和供应商能够共同实现的节约的潜力越大，双方得到的经济利益就越大。

出了问题的不是这个概念，而是对于未知的恐惧。这不仅是一个全新的事物，而且用户和供应商如何相信投资将随着时间的推移取得成功呢？他们能够评估和管理与投资有关的风险吗？毕竟，谁会让他们的事业冒极大的风险却没有每天甚至每分钟都能管理和报告能源供应系统的方法呢？太多的用户已经到达了制订计划的最后阶段，看到了机会，但在最后时刻因为害怕风险而失去了勇气。对未知的复杂的财务、技术而且常常是政治情况的恐惧可能是令人气馁的。

能源供应商已经习惯于大型投资以及拥有支配权。对更小的能源供应项目进行开发和融资与对大型项目进行开发和融资对他们来说成本是一样的。通常他们对于花很多钱来开发一项投资的兴趣会因为对于从事全新事物感到不舒服的用户和/或供应商领导而受到阻碍。

注意：能源服务公司 20 多年来一直在提供附加值服务。尽管这些公司经常是公用事业的附属机构，如 Duke Energy Solutions 和 Sempra，他们的工作与其能源供应商母公司或姊妹公司是单独开展的。实际上，这些公司的组织方式经常是将决策和投资划分成电力质量、能源生产、电力营销、建筑物能源效率和其他部门。每个部门是一个单独的盈亏中心，他们几乎没有动力互相交流和合作，由此否认实现整合的价值的机会。下面将讨论更多这方面的内容。

PART **3** | 第 3 部分

对未知的恐惧

第❾章 风险评估

摘　要： 作者详细介绍了在做出对能源供应项目进行投资的决策时所考虑的假设，以及投资的成功如何要求将最初的假设与随着时间的推移发生变化的假设进行比较的能力。作者提供了一个决策工具来帮助读者评估由谁来承担每个风险以及对整个项目的成本影响可能会是什么。

作者介绍了能源供应行业的分析工具来帮助读者考虑确定项目投资在哪里停步不前以及如何降低投资风险所需要的信息。作者描述了对于最为敏感的风险的可供替代的标准能源供应行业缓和协议。作者使用了趣闻和图表来说明风险管理的常识性解决方案。

作者表明了信息和通信技术如何可以被用来控制风险。她解释了对获得具体情况的风险解决方案的信心对于获得利益相关者实施能源供应投资以及随着时间的推移做出投资和运营改进的信心是如何重要。

最后，作者指出了政治和管理领域的风险不确定性。

关键词： 常识性解决方案；随着时间的推移比较和改变假设；评估工具；投资风险；缓和协议；安全风险；征询方案

9.1　投资计划假设

OA 方法论的金字塔表明了在构建能源供应投资计划中包含的各种各样的假设。仅仅跟踪随着时间的推移的实时能源数据和设备运营意味着不计其数的数据。如 Opassess 这样的软件程序，可以记录并计算对项目投资的实时影响，将这些影响与一个基准线或其他选择的项目进行比较，并提供经济和运营报告。在这些报告的基础上，可以实施有效的管理。Opassess 或类似的软件就是支持能源有效系统投资所需要的风险管理工具。

不仅投资要求在开发、实施和进行中运营的所有阶段对项目假设进行跟踪和更新，而且随着业务目标、技术解决方案、市场变化以及其他影响投资方案的因素发生变化，软件工具使得用户可以将变化产生的影响和机会进行比较从而改善正在进行的决策。

9.2　风险的范围

LAS & Associate 与它的许多客户一起从事的所有项目表明，可以从能源消费、运营成本、可靠性、排放减少和其他利益中获得大量的节约，但是几乎没什么项目得到了实施，主要原因是风险。对能源供应项目进行投资的风险主要与下面的顾虑有关：

（1）如何使项目按时按预算完成，包括融资、设计、采购和施工？

（2）如何随着时间的推移控制用来生产电力、供热或制冷的燃料成本？

（3）如何固定收入或预算收入来为能源供应系统的资本成本、运营可靠性和维护要求支付费用？

（4）如何确保新设备整合在投资计划所假设的效率水平上运行？

（5）如何在债务期限内控制运营和维护设备的成本？

（6）当由于维护或意外中断需要额外的电力和/或现场发电离线时，如何控制补充的、维护和备用电的成本？

（7）如何控制融资成本？

（8）如何获得资产负债表外融资？

（9）如何对变化了的法律、规则、规定和人员配备进行管理？

（10）如何处理终端使用要求发生的变化？

（11）如何随着时间的推移使得所有投资利益相关者协力合作？

（12）如何对新技术和燃料机会做出反应？

9.3 风险减轻

自从《公用事业管制政策法》（PURPA）颁布以来，大量的公司开始开发发电项目。这些公司的开发商经常建立单独的有限责任公司。通过在合同设定时详细描述风险的经济边界，新的有限责任公司能够获得资金来为项目融资。下面讨论的是有限责任公司如何根据合同降低风险。

9.3.1 项目收入

大多数能源供应系统的投资项目都是从这样一个假设开始的，

即用户当前分配用于每年能源、资本、运营和维护成本的基准年预算将继续得到拨付。通常，业主想要固定预算并从使用更有效率的能源系统中得到节约为新固定资产支付费用。所有者经常设定诸如设法为不产生节约（如石棉消除）这样的基础设施支付费用、扩大能源和水供应系统、雇用新员工的现金流等其他目标。效率节约必须不仅为项目支付费用，而且要为这些目标支付费用。

在项目可以得到资金之前，支撑项目的收入必须在合同中确定。承担在用户端建造和运营投资的财务风险的开发商将与业主签订合同，为交付的能源以预先确定的价格付费。通常在机构内会成立单独的公司来控制预算拨付并确保预算不被挪作他用。

9.3.2 设计、采购和施工合同

通常开发商会与单独的建筑公司一同工作来实施项目投资的"交钥匙"建筑物。交钥匙的意思可以说是建筑公司（承包商）将承担建造项目的短期成本和风险。承包商可能获得施工融资。此外，承包商将在一个预先确定的预算和期限内承担完成具体的项目设计、许可、采购和施工的风险。一旦项目建成，承包商将表明设备运行满足最初的性能规定。项目开发商然后获得项目投资的长期融资并向承包商支付事先安排数额的费用，这笔费用是合同中规定用于支付其服务的。

我曾经经历过这种情况，公共采购的规则如此难以实施设计、采购和施工，以至于机构如果承担风险就必须计划将项目成本增加50%~100%。在大多数机构中，通常为设施或公用事业部门中那些发现需要新设备的人，将要求在他们为设备规格和成本做出预测的基础上为新设备融资。由于采购、设计、投资计划和施工管理的专业人员经常在其他机构或部门工作，最初被仔细研究和评估的项目在实施的过程中随着时间的推移发生了变化。成本控制和设备选择是个移动的目标。最终的运行性能只能是人的猜测。尽管为最初的设备提供的资金经常是以投资将会节省费用这个陈述为基础的，财务和预算经理总是从不看那些表明资本投资收益的报告。

因为公司和机构有许多为资金相互竞争的项目，他们优先考虑对产品扩张或改进的服务进行的投资。设法升级、扩张或替换能源基础设施获得资金的优先次序非常低。当人们可以雇用更多的工作人员或扩大他们的业务时，谁会想要替换一个锅炉呢？

与一家管理风险从而在固定预算内完成项目融资、设计、采购、施工和投产的建筑公司签订合同可以将资本成本的增加限制在8%~10%，这是建筑公司的利润率。Opassess 使得所有者能够将实施设计、采购和施工所花费的成本与他们雇用其他公司来承担设计、采购和施工的成本进行比较。Opassess 还使得实际的设计、采购和施工成本得以被跟踪和更新，由此获得开始运营所需要的新的基准线数据。

9.3.3　运营和维护合同

可以用许多办法来降低与能源消费的变化有关的成本。表明电力、供热和制冷单位成本的实时报告使设备经理可以在一天内的任何时候选择引致最低 Btu 单位成本的设备运营。

作为新设备选择和采购的组成部分，生产商的性能保证应该得到担保。

项目开发商将与一家运营和维护公司签订合同以在长期中管理项目。运营和维护绩效和成本以及用户需求的变化将在合同中详细规定。运营和维护的公司为他们提供的服务获得一个行业标准的利润，并且通常受到激励来设法改善设备的性能。如果他们未能完成任务，他们还将承担下行风险（Down-Side Risk）。再一次地，把设施所有者将承担的成本和绩效风险与他们雇用一个单独的公司来承担的风险进行比较，将帮助所有者做出是否寻求运营和维护业务伙伴的决定。

由于实际成本会在每年的基础上更新，可以做出并衡量有关改进和外包运营和维护的决策。有关不可预见的情况的问题可以得到修正和测量。

9.3.4　初级燃料成本

在项目融资之前，开发商还要力图将被选择用来生产电力、蒸汽/热、和/或冷的初级燃料的成本和数量固定下来。在我参与的南佛罗里达州的一个电厂项目中，木材废料被提议作为燃料。将木材废料处理的成本固定下来并且获得提供足够木料，从而每天为发电厂提供燃料的合同是很重要的。开发商最终没有继续进行这个发电厂项目，因为他们对充足的燃料供应存在顾虑。

在南佛罗里达州的另一个项目中，开发商能够获得佛罗里达输气管道的产量。通过有能力来签订购买批发天然气的合同并将天然气从遥远的天然气田运输到发电厂，他们可以控制初级燃料的成本。

对初级燃料以及电力、供热和制冷单位成本的管理将受到当地的生产、实时的信息和通信的推动。

9.3.5　补充的、维护和备用电

为了使现场发电项目获得最大的能源效率，业主将总是需要从一家公用事业或电力供应商那里购买补充用电。对购买补充用电进行沟通和签订合同通常对于供应商和业主都是有益的。有效率的能

源供应系统通常能稳定业主的电力负载。这为供应商提供了以平稳的负载从其发电厂出售电力并获得增加的收入而不用建造新的发电厂来满足最大负荷的能力。

当现场发电机由于维护而停止运行或发生不可预见的突发事件时，还需要购买电力。在供应商有充足的生产能力时可以很容易地与供应商约定时间进行维护。如果在供应商发电高峰期间发生了现场供电中断，那么突发情况的电力成本可能非常高。可以设计合同安排来限制这些突发情况电力成本对业主和供应商产生的影响。例如，MidAmerican 与爱荷华大学签订合同，在公用事业公司需要更多电力生产的时候从爱荷华大学的现场发电厂生产更多电力并减少其在大学的负载，这对双方都产生了效果。

9.3.6　融资成本和资产负债表以外的融资

融资成本是与业务目标和业主的财力有关的。例如，拥有一个可以得到税负减免的业务合作伙伴可能会导致更低的投资总成本。

开发商最可能在进行一个项目之前获得一家信用机构的信。这封信将说明为项目融资的成本。这非常重要，其结果是项目的财务状况可以得到评估，而贷款人将对于出借经常是几百万美元的资金来建设以上面所描述的合同优势为基础的项目而感到有信心。

对于任何投资，业主都力图尽量降低融资成本。

一些业主不想引起更多的债务并设法获得资产负债表外融资。马里兰大学科利奇帕克分校提出了一个可以同时解决低成本和表外融资的方法。他们可以为他们的能源系统投资融资，马里兰经济发展公司承担债务而将付款的风险转移给了 Trigen 公司，项目实施和运营外包给了 Trigen–Cinergy。

9.3.7　环境许可

无论什么时候发电项目被提出，都会遇到环境问题和积极分子。需要确定噪声控制、排放标准、燃料储藏、建筑工地位置选择和许多其他许可和环境成本，并将这些包括到项目成本中。针对州发电厂建筑工地位置选择而与当地官员、环境组织、业主、能源供应商和其他人开展的工作是一项重要的前期努力。如果不早早处理，这些问题可能导致更高的法律费用、项目实施的拖延和其他问题。

当我与迈阿密的当地环境组织一起工作来建造一个木材废料发电厂时，环境方面的顾问指出，一个现代的发电厂将木材废料燃烧与让这些木材废料在垃圾填埋场腐烂，产生的甲烷排放比为 1∶15，这意味着垃圾填埋场方案的污染要高 15 倍。当地的环境组织非常支持这个项目。最终这个项目没有得到实施，我们都很失望。

然而好消息是那些已经到达迈阿密发电厂的木材废料被收集、处理和出售给了佛罗里达糖业公司。糖业公司利用甘蔗渣——一种食糖生产的副产品——来生产电力。在每年无法获得甘蔗渣的那半年中，木材废料成为了替代品。

9.3.8　政策和管理的不确定性

毫无疑问，在任何能源供应系统投资风险中最困难的方面是投资者受到法律、规则和管理上变化的影响。一般来说，最强有力的政治参与者是那些受到市场收入损失威胁的电力公司。电力企业不仅是最大的能源消费者，而且是最强有力的游说者。他们对联邦、州和当地政策制定者有重大影响，并且拥有很多钱来影响那些保护他们利益的政策。

　　我读过的提出限制这种影响的解决方案的最好的书是 Thomas Casten 的《关掉热风：为什么美国必须将能源效率提高两倍来节约资金和减少全球变暖》（Casten，1998）。他提出的消除电力垄断保护和建立化石燃料效率标准的论证将在第 13 章中详细讨论。

　　许多电力企业拥有不受管制的能源服务公司，它们将作为业主的合作伙伴来实施整合的电力、供热和制冷项目。一些电力企业提供一些激励，如回扣、技术援助和融资来鼓励对电力、供热和制冷项目的投资。这些项目是由从对用户电力和天然气账单进行具体评估中建立的资金池提供资金的。

9.4　敏感性分析

　　第 6 章介绍了 5 个 Opassess 报告。对于投资决策来说非常重要的另一个报告被称为敏感性分析。图 9-1 中展示的是 1995 年为一家医院做的敏感性分析。尽管成本参数不是最近一段时间的，但它是一个风险评估方法的例子。

项目成本	-20% $51.9M	-10% $47.6M	-5% $45.4M	估计 $43.3M
利率	-20% 7.02%	-15% 6.73%	-10% 6.44%	5.85%
节约	-20% $2.3M	-15% $2.5M	-10% $2.6M	$2.9M
电力成本	-15% 4.27c	-10% 4.09c	-5% 3.90c	3.72c
天然气成本	-15% $3.45	-10% $3.30	-5% $3.15	$3.00
12%净现值	-$8.5M	-$2.6M	$2.3M	$6.5M

图 9-1　敏感性分析

基础情况表现了融资、电力和天然气成本假设中预测的投资成本、节约费用和利息。为了看到对项目总净现值的影响，与每个风险领域相关的成本逐步上下变化 5%、10% 和 20%。医院想要根据它认为的最不稳定的投资假设，评估提议的投资项目价值如何上升或下降。这个项目在 15% 或中间情况下变成了负的现金流。然后医院就可以决定在哪个地方将需要停止承担风险以及愿意承担风险的合作伙伴的价值。

9.5 实时信息和通信的重要性

不论设施所有者是否选择与业务合作伙伴签订合同来承担项目的财务风险，前文所提到的所有风险必须包含提供实时报告的基于网络的业务规划软件。被挑选来管理资产的人必须能够看到与最初的项目假设相比，市场变化的影响并发起行动来管理这些变化。

为了获得每单位能源的最低成本，设施经理必须能够看到生产电力、蒸汽/热和冷气的当前成本是什么。例如，在每天的不同时段，当对这些商品的需求发生变化时，生产它们的成本就可能改变。为了保持最低的成本，能源系统运营者可以选择运行不同的设备或改变燃料。

对施工、财务和设备运行具体情况的跟踪为承包商、出资人、技术专家、设备所有者、能源供应商和其他项目参与方提供就正在发生的会影响项目经济和环境生命力的事情进行通信和报告的能力。每个成员都能看到他们责任的特定领域对其他团队成员和更大项目产生的影响并采取纠正措施。合作伙伴和团队成员都可以跟踪和报告经济结果。

我对可能增加经济风险的政策变化施加影响的唯一手段来自拥有说明这些变化所产生的影响需要的信息。佛罗里达电力和照明公司（FPL）曾努力将一个新建的核电厂包括在费率基础中，我在佛罗里达公共服务委员会面前对备审案件目录表进行了干预。戴德郡没有打算影响将被包括在费率基础中的资本成本的总数量，但是它关心这种上涨将如何在佛罗里达电力和照明公司不同种类的用户中分摊。由于在该郡的自动化公用事业账单财务系统中包含着广泛的数据库，可以对所提议的费率上涨进行考查。当人们发现像医院和机场这样的大用户的增长量将是任何用户被允许增长量的两倍时，该郡能够向佛罗里达发电和照明公司以及佛罗里达公共服务委员会报告实际的影响。

这个费率的案例只是一个小例子，但是它为信息和通信可以影响其当地政策这个论点提供了支持。正如 Thomas Friedman 在其著作《世界是平的：21 世纪简史》中引用的 Aramex 首席执行官 Fadi Ghandour 的话，"如果没有在线的、实时的跟踪与追溯，你就不能与大人物进行竞争"（Friedman，2005：348）。Aramex 通过利用互联网替代了由 Airborne 这家跨国包裹投递公司控制的跟踪与追溯而成为了一个大人物。

下面介绍的图 9–2——自我提供资金、基于绩效的投资——可以被用在对 24 个风险考虑进行评估决策的过程中，这些考虑与一项以从运营预算节约中尽可能为基础设施提供资金为目标的投资有关。注意标题为"谁承担风险"的这几栏，选项包括用户、能源服务公司、股东。一旦投资中的风险如何分配变得清晰时，Opassess 工具使得决策者可以理解愿意承担投资风险的合作伙伴提供了什么附加值。对于最低能源单位成本来说，关键是将财务和所有权解决方案作为技术解决方案的一部分来考虑。

目标：从运营预算节约中尽可能多的为基础设施投资提供资金而无下行风险

风险：时间、性能、成本	权重：(1=最低,5=最高)	谁承担风险			考虑	成本影响(±%)
		用户	能源服务公司	股东		
1. 能源系统性能（可靠性和舒适度）						
2. 技术兼容性						
3. 能源消费						
4. 能源负载						
5. 单位能源价格						
6. 清单更换						
7. 设计成本						
8. 资本价格						
9. 施工成本						
10. 采购成本						
11. 运营和维护成本						
12. 运营和维护标准及专业知识						
13. 折旧准备						
14. 环境成本						
15. 资产负债表内交易债务						
16. 保险责任						
17. 股权回报						
18. 未来技术和其他成本节约机会						
19. 管理的、政治的和社会的影响						
20. 利率						
21. 能源预算拨款						
22. 项目现金流						
23. 税收						
24. 劳资纠纷						

图 9-2　自我提供资金、基于绩效的投资

图 9-3——能源供应商业务合作伙伴如何减轻风险和为项目融资——建议了几种类型的协议来帮助投资者减轻能源供应投资风险。

风险	缓和协议	
能源供应价格	1a	锁定储备和运输的上限
	1b	当地自发电
	1c	能源信息和管理系统
能源消费	2a	能源基准线跟踪、分析和控制
	2b	生产商业绩保证
	2c	施工试运行
	2d	能源服务公司业绩保证
	2e	保险
融资成本	3a	贷款人利率上限
	3b	参股
	3c	用户和业务合作伙伴的财务优势
	3d	项目作为单独的法律实体被建立
	3e	总投资
设计、采购和施工	4a	拥有试运行的固定价格、交钥匙设计、采购和施工
运营和维护	5a	具有性能标准的运营和维护成本
	5b	用户能源业绩标准

图 9-3　能源供应商业务合作伙伴如何减轻风险和为项目融资

9.6　对提议的要求

为了确定从潜在的业务合作伙伴那里得到的提议的价值，第一步是要评估如果设施所有者愿意接受所有的风险，他/她能做什么。一旦做出了初步的评估，设施所有者就可能想将能源效率投资的部分或所有风险转移。在必须对多个投标者进行考虑的竞争性竞标的情况下，向所有参与方提供相同的基准线假设是必要的。这里，Opassess 的价值是明显的。OA 方法论第 1 步和第 2 步中包含的基准线信息给潜在合作伙伴提供了了解业主当前业务、设施、能源和技术情况以及设施增长和成本上涨假设所需要的重要数据。应该鼓励申请人在他们不同意假设时对基准线假设和业务目标的影响提出挑战。

通过要求使用与建筑物业主相同的基于网络的规划模型来提交

投标书，可以很容易地对投标书进行评估并和其他投标书进行比较。设施所有者和潜在的合作伙伴都可以了解未来协议的基础以及它给每一方带来的价值。当合同经过了实施阶段后，所有的利益相关者都可以跟踪与追溯项目的进展。

在我成立 LAS & Associates 这家公司时，它的使命是帮助设施所有者和能源服务公司达成交易。太多的机会被搁置了，我们花费了几百个小时来培训设施所有者以便他们能够评估合作伙伴的投标书。大多数业主因为没有办法比较财务报价单背后的假设和衡量未来的绩效而并不寻求这些交易。LAS 最终创造了 Opassess，不幸的是，安然公司破产后，2001 年 9 月 11 日的恐怖袭击将美国的注意力从能源基础设施投资上转移了。

第⑩章 能源服务公司

摘　要： 除了传统的电力公司，市场中有大量的公司提供实现整合的能源供应投资所需要的服务，不论是私人的还是公共的公司。作者讲述了需求和供给方能源服务公司、能源服务和软件企业以及设备生产商的历史。她讲述了自己与 Sempra、Chevron、Duke、Johnson Controls、Honeywell、Trane、Silicon Energy（现在名为 Intergy）和其他拥有专业知识、资源和财务目标来实现整合的能源供应投资的公司的经历。她说明了这些公司作为业务合作伙伴发挥了积极作用以及如何通过改变公司内部盈亏结构来提高利润率。

她转述了用户与能源服务和供应公司一起工作出现的问题以及这些公司与用户之间的问题。她通过例子证明，为了结成合作伙伴关系以及为了实现长期投资的全部利益，需要信息、通信和资产管理软件作为重要工具。

关键词： 公司盈亏结构；能源服务公司；结成业务合作伙伴关系的重要工具；一起工作的问题

没有任何书可以描写有关对能源效率的投资而不承认能源服务公司做出的不可思议的贡献。能源服务公司提供能源效率和可再生能源服务，包括能源有效设备和设施的设计、制造、融资、安装、运营和维护。20 多年来，能源服务公司已经与私人和公共部门的消费者签订合同来提供附加值服务。

在我担任戴德郡能源指导时，Martin Klepper，一位开创性的律师、作家、讲师和朋友，[①] 问我是否考虑加入一个新组织的董事会，而 Martin 在创建这个名为国家能源服务公司协会的组织过程中发挥了重要作用。由我来担任它在当地政府的代表，不幸的是，那个时候我的办公室正在要求能源服务公司提交 5 座政府大楼的能源节约投资的融资、设计、采购、安装和维护的标书。我不想在选择中标公司的问题上产生利益冲突，就拒绝了那个邀请。[②]

10.1　需求方

2007 年，国家能源服务公司协会的执行董事 Terry Singer 报告了大约 85 个组织的成员资格。Singer 在联邦政府前的证词中指出，"国家能源服务公司协会的成员每年交付了大约 40 亿美元的能源效率项目"（Singer，2007）。国家能源服务公司的成员包括采暖通风与空调和能源控制设备的国际制造商、许多美国最大的电力和天然气

[①] Martin Klepper 是 Skadden，Arps，Slate，Meagher & Flom LLP and Affliates 的合伙人。他为世界范围内的大型基础设施项目的开发、融资和收购而工作，包括代表与收购、合资企业和项目融资相关的开发商、发电厂和天然气管道的所有者、承包商、银行、保险公司和股票投资者。

[②] 这最终导致其与一家能源服务公司签署了合同，这家公司为 5 个戴德郡的设施进行的价值 100 多万美元的能源效率投资提供融资、设计、采购、安装和维护服务。这家公司通过分享设施电力账单的节约来获得利润并确保能够获得节约。不需要新增预算的拨款。

公司及公用事业公司附属机构,① 以及其他重要的国家和区域独立会员。

一般来说，处在国家能源服务公司协会这个保护伞下的能源服务公司已经在寻求解决美国所指的需求方能源效率投资。这些投资包括提高建筑物的热效率、安装高效的电器和具有传感器/操纵装置的照明设备以及改进采暖通风与空调设备。

能源服务公司提供专业知识来进行用户设施的调查从而确定具体能源效率措施的成本与节约。作为选择实施什么措施的基础，能源效率投资一般来说拥有短期（1~4 年）的能源节约的简单投资回收期。通常，服务公司将购买和安装能源节约措施并确保一定水平的绩效效率和能源节约。尽管融资方式由于客户的不同而会有不同，但是大多数能源服务公司愿意为这些类型的能源项目融资并与客户分享公用事业账单的节余。

10.2　供给方

供给方能源服务公司是那些建造、运营和维护生产电力、热和/或冷能量的发电厂和分配系统的公司。供给方能源服务公司致力于利用有效率的生产技术及可回收和可再生燃料来生产当地能源。因为能源和经济效率依赖于生产和分配设备的最优规模和运营，这些公司中有一些将把需求方效率措施包括在全部投资中。供给方能源

---

① 公用事业公司附属机构与他们的能源供应商母公司或姊妹公司单独开展业务。在一些情况下，这些公司以这样一种方式来组织其结构，即它将决策和投资划分为电力质量、能源生产、电力营销、建筑物的能源效率和其他部门。每个部门是一个单独的盈亏中心，它几乎没有任何动力互相通信和协作，由此拒绝了实现整合价值的机会。

服务公司可能会将国家能源服务公司协会中的一些会员包括进来，但是主要是诸如美国清洁热和电力协会、国际区域能源协会、美国可再生能源委员会以及其他行业和专业协会这类组织的成员。成员的数量达到了几百个。

阅读来自这些协会的展望和使命声明中的一些表述是很有趣的：

（1）通过部署清洁的、当地的发电技术建立一个实现更少污染、更低成本和更可靠的国家电力系统。

（2）通过地区供热、地区制冷和热电联产来促进能源效率和环境质量。

（3）努力使所有形式的可再生能源成为美国经济和生活方式的主要趋势。

我确信读者可以推断出哪些表述与哪个协会相关。所有这些协会包括那些准备好了、愿意而且能够设计、许可、建造、装备、采购燃料、运营、维护和资助投资的关键参与者——在一个绩效的基础上。

10.3　实施的障碍

10.3.1　市场惰性

消费者仍然不愿意与能源服务公司签订合同。2008年3月，Johnson Controls 这家拥有至少 20 年提供能源效率投资经验的能源服务公司对 1500 名北美总经理进行了调查。这份调查报告称"几乎 3/4（72%）的组织比起 1 年前对能源效率给予了更多的关注。然而，期望做出能源效率改进以及在下一年按照他们的计划进行投资的那些公司的比例保持不变"（Johnson Controls，2008）。

10.3.2　交易复杂性

即使能源服务公司为在美国实现能源效率和可再生能源投资做出了重大的贡献，现实是这些投资的实施在经济上、政治上和环境上都是复杂的。我曾经看到太多的确非常大的投资机会没有进行下去，因为决策者不了解投资的业务结构，对于实现现金流没有信心而且害怕他们的电力企业"破坏了现状"。

10.3.3　中途改变计划

另一个对于消费者和能源服务公司一起工作的深刻见解来自我在加州提供能源工程分析和设计的经历。在评估、设计和建设能源效率项目的过程中，一个习惯做法是在这个过程中一步步地改变工程公司。一个工程师将进行可行性分析，另一个工程师将用不同的数据重新开始并进行具体的设计，然而另一个工程师将被雇用来监督施工。尽管投资项目通常力图依赖能源的节约来为投资支付费用，工程师和数据的变化使得项目经济成为一场噩梦。由于没有一个共同的数据库和对为投资实施过程的每一步提供指导的假设的理解，每个工程师都要重新开始。项目经理不能以任何标准的格式跟踪项目的经济利益。许多项目从来没有得到实施。

10.3.4　财务数据的通信

1993~1994 年，我与位于加州马丁内斯 Contra Costa 社区大学的设施部门一起工作。这个学院正在寻求选择一个能源服务公司合作伙伴来在其许多校区里设置能源节约措施。为了帮助社区学院评估各种能源服务公司的提议，我建议社区学院要求每个能源服务公司以报价单的形式介绍其业务假设，并通过报价单详细描述公司所建议的业务合同安排。那时，没有公司能够就所提议的业务安排的财务参数进行通信。

能源服务公司的提议也许对社区学院来说是好的交易。当公司不能说明其提议的财务结构以及经济的、工程的、能源使用和许多许多其他的假设如何能够被更新、通信、管理和报告时，他们就会对社区学院失去信心。

10.3.5　有限的人员和技术

我也开始理解了社区学院所面临的收集和更新其能源和设备运营数据在人员方面的有限能力。很难为获得任何进行投资规划和管理所需要的最重要数据所产生的成本获得资金。

更重要的是，测量能源节约的办法是建立在人工跟踪公式的基础上的，它需要不间断地花费难以估量的工时来测量与验证能源和成本节约。

在我被邀请与社区学院一起工作时，我受邀参加了一个在华盛顿特区举办的会议来讨论一个新的测量与验证协议。能源部正在试图建立一个测量与验证的统一标准。我将社区学院作为一个例子来引起人们对这个问题的关注，即由于测量与验证工作的人工性质，消费者没有工作人员来实施测量与验证。

10.3.6 应用培训的重要性

我在社区学院的经历持续到 1996 年我建立 LAS & Associates 公司来帮助用户和能源服务公司实施价值百万美元的项目。有太多极好的项目被搁置在谈判桌上，这使用户和能源服务公司都很沮丧。

就在我建立 LAS 的同一年，我受雇于高等教育设施官员协会（APPA），与美国的 6 个地区为高等学校的设施负责人、财务副校长和理事会成员开展研讨会。正如在第 2 章中所讨论的，这些学术机构亟须更新其陈旧的、无效率的和不可靠的基础设施，并且不能获得资本基金来进行这些投资。

OA 方法论成为培训工具来向这些机构说明如何对能源节约进行全面、完整的评估，这些能源节约可以为大量的基础设施需求提供资金而不需要新的拨款。投资分析的重点在于为所有陈旧的拥有电力、供热和制冷系统的基础设施升级，这些系统的规模能够在债务期内有效率地为这些机构提供服务。每个地区的参与情况都给人留下了深刻印象。

10.4 数据收集——一个优先考虑的政策

就在能源服务公司继续在实施能源效率和可再生能源投资上取得很大进展时，他们也在继续为跟踪实施过程而进行斗争。国家能源服务公司协会的《联邦政府 2008 年第二季度优先政策》将跟踪实施过程列为四大挑战之一。这份报告称，"数据收集对于能源项目成功的每个方面都很重要，因为建立基准线消费并监控正在进行的能源消费模式对于建立能源减少措施的衡量标准是很重要的。一般来说，机构和单个的联邦设施还没有收集那些进行恰当的监督和报告要求所必需的数据。将信息收集和报告要求标准化和简单化对于所有联邦能源措施的全面成功是非常关键的。因此，我们主要的建议是确保必要的数据收集和报告制度尽快到位"（NAESCO，2008）。

我发现致力于基础数据的收集和报告在任何能源效率项目中仍不是最重要的事，这真是令人吃惊。"如果你不能测量它，你就不能管理它"这句古老的谚语是能源管理的基础。投资的最快回报是对实时能源数据进行读表、测量和报告。OA 方法论的第一个规则是：对能源负载、使用和成本进行读表、测量、监控、管理和报告的资本和管理成本对于投资来说是重要的支柱，它们必须是仔细研究并被包括在投资计划中的第一个成本。

对大多数用户来说所有的电力费率并不是以使用时间成本信号为基础的，这更令人不安。中小型用户没有电表来提供使用时间和单位成本数据。这些用户不知道电能单位成本的变化，也不清楚可能会促使他们改变一天中或不同季节里使用电力的时间，或者对提高效率进行投资的价格信号。

在美国的一些地区，如果用户允许供应商在电力系统需求高峰时关掉用户的设备，那么电力供应商会向用户提供更便宜的费率。明尼苏达州一个选择参加这种费率合约的朋友就有在一年中最冷（零下 50℃）的时候让公用事业公司关掉供热的经历。她还有在一年中最热的时候关掉空调的经历。这合法吗？这肯定是不人道的。

一个促进负载管理的更好的方法是电力企业提供显示使用时间的电表——更好的是，电力企业安装小型的使用可再生燃料发电和/或热电联产可以解决由于天气的原因导致的供热和制冷负载过高的问题并至少使初级燃料的效率翻番——所有这些都将给用户带来更低的成本和更高的可靠性。

来自美国能源效率经济委员会的 John A. "Skip" Laitner 和 Karen Ehrhardt-Martinez 最近发表了一篇题为《信息和通信技术：生产率的动力，信息和通信技术部门如何在改变经济的同时促进能源生产率的提高》的文章。作者的研究表明"信息和通信技术在整个经济减少能源浪费和提高能源效率中发挥了重要的作用……尽管信息和通信技术有节约能源的巨大潜力，但是由于所谓的'信息和通信技术能源悖论'，信息和通信技术并没有得到人们的认可。在这个悖论中，人们更多地关注信息和通信技术消耗能源的特点，而不是由于它们得到广泛和系统的应用而出现的更广泛的、整个经济范围内的、能源节约的能力。鉴于我们将要面对的经济和能源挑战，作为一个国家，我们应该致力于实现新的信息和通信技术提供给我们的能源节约机会"（Laitner and Karen Ehrhardt-Martinez，2008）。

10.5　进　展

我们应该认可并祝贺那些经受了建造和运营高效率电力、蒸汽/热和冷却系统的困难过程的先进的私人和公共企业和机构。即使面对现有的阻碍热电联产投资的所有障碍，我们还有许多令人兴奋的消息，这些消息表明了对能源效率基础设施进行投资的公共政策支持越来越多。

10.5.1　热电联产协会与环境保护局的合作伙伴关系

热电联产协会与美国环境保护局已经结成合作伙伴来促进对整个发电的投资和利用热电联产从而减少电力生产对环境的影响。现在大量州和联邦都有对热电联产的鼓励措施，包括贷款、拨款、税收利益、改善的许可和相互联系管理。

10.5.2 国际区域能源协会

国际区域能源协会（IDEA）代表着 800 名成员，他们是来自 22 个国家的区域供热和制冷主管、经理、工程师、顾问和设备供应商。协会成员运营由公用事业、市政、医院、军事基地和机场所有的 38 个州的区域能源系统。

在诸多的公司、用户和专业人员中，只有一些已经在为建造能源效率基础设施而努力工作并投入他们的信心和经济担保。

10.6 实　施

对于那些希望从事能源基础设施投资并从其能源账单上的效率节约中为投资支付费用的机构、企业和个人来说，OA 和 Opassess 提供了逐步建造能源效率和成本控制计划的框架。实施整个投资规划过程可能看起来令人畏惧，但是这个方法论是特意一步一步介绍的。此外，每一步的数据录入将具有不同程度的间隔尺寸。

10.6.1 每次一个步骤

OA 的第 1 步和第 2 步建立了一个基准线。仅仅收集和自动化包含在这两个步骤中的信息将提供控制成本和采取效率行动的机会。这个阶段的管理机会包括：

（1）确定业务财务目标和政策。

（2）将设施业务目标和财务状况与能源、运营和劳动要求整合起来。

（3）说明长期业务目标对能源预算和基础设施需求的影响。

（4）确认能源账单开出的情况并提供对能源账单的核实。

（5）改善能源税和/或燃料采购的做法和协议。

（6）将能源测量和开账单信息自动化。

（7）向设施经理和居住者传递实时成本信息。

（8）与设施居住者协作来控制能源成本。

（9）总结设备状况、操作方法和成本。

（10）制定和跟踪预防性维护方法和成本。

（11）改进设备运营和维护的时间安排。

（12）将投资计划与设备运营进行整合。

（13）评估燃料采购选择。

（14）提供实时预算和财务影响报告。

（15）将生命周期成本整合到资本获取政策中。

（16）将环境状况和关注的问题进行登记。

（17）预测设备的生产和分配在规模上的需求。

仅仅确认、保持、评估、通信和管理能源、运营和维护的学习曲线就能带来快速的节约。与第 1 步和第 2 步有关的每个设施基准线的 OA 数据录入项仅仅是基本的设施管理。

用于第 1 步和第 2 步的数据的积累可以是递增的，并不一定需要 Opassess。市场中有大量的能源测量和企业管理软件解决方案。这些软件工具提供了实时跟踪、系统整合、费率分析和核实以及其他重要的能源管理能力。重要的是软件有能力与 Opassess 实现互操作或者有一个类似的总拥有成本[①] 模型。

对于业务规划和成本控制来说，与以业务目标、合同和环境要求以及市场经验为基础的有增长和增加假设的基准线相比，实施一个被称为"基准线—无增长和增加"的项目是很重要的。基准线生命周期成本预测对开始恰当地选择和实施任何新投资都是重要的。确定设备的规模、达到业务预算和融资目标、将未来劳动和其他合同成本包括进来只是找到在投资周期中以最低成本提供效率和可靠性的投资解决方案要考虑的一些问题。

10.6.2　间隔尺寸的程度

Opassess 使使用者可以以不同程度的间隔尺寸输入项目和建筑物的详细情况。获得能源使用和成本的测量数据的第一步可能是安排对主要建筑物的测量。记住，一个建筑物可能会在不同程度的间隔尺寸上得到定义，从一个设备到多个建筑物系统。Opassess 可以被用于一个单一建筑物的项目，也可以用于一组并置排列在一起或者是在地理位置上相互分离，就像一个地区的一组银行那样的建筑物项目。

间隔尺寸的程度通常是受时间和货币以及设施业主的目标推动的。例如，伊利诺伊州立大学的业务目标是确定有多少校园的基础设施可以得到升级并通过对能源效率系统投资来获得进行升级的资金。在开始花费大量资金进行详细的设计和财务分析之前，建议进行一个初步的分析。第 6 章 Opassess 报告中表明的伊利诺伊州立大学投资计划中项目和建筑物的数据输入反映出整个校园被作为一个

---

① 关于总拥有成本的定义和历史，可以查互联网。两个来源是 http://en.wikipedia.org/wiki/Total_cost_of_ownership 和 www.12manage.com/methods_tco.html。

项目得到整合。前一年的数据被选定为基准线数据，校园的建筑物被组合成一个建筑物。为了确定投资和潜在成本，伊利诺伊州立大学的校园建筑物根据建筑物的类型被划分为学生宿舍、教学楼、实验室……Opassess 针对这些建筑物类型进行了整合的设计分析，并将数据作为一个单一建筑物输入用于计算。

进行这样高程度的数据输入是要获得在伊利诺伊州立大学业务目标的基础上组织的能源和其他基础设施投资收益的初步但保守的估计。假设初步评估表明值得进行一个投资项目，将开始进行详细的设计和财务分析，并且将最初的项目数据进行更新并与详细的项目进行比较。在详细的开发阶段，将对每个建筑物进行更深入的设计。此外，由于更加详细的分析，大量其他实施假设可能会发生变化。

设施业主和项目团队那时可以继续在下面所有这些阶段中跟踪、管理和报告项目：投资的整个生命周期内融资、采购、施工、委托、正在进行的运营和维护、未来业务目标的更新、设施增加、成本上升、政策管理规定的变化以及其他可变因素。

10.6.3 将投资选择进行比较

可以由业主或能源服务公司来开始确认最好的技术、燃料、实施、所有权、融资和其他与基础设施投资有关的选择。

业主可能雇用一个专家设计和融资团队与业主的经理团队一起工作来确定如果业主想要承担所有的投资风险他可以为他自己的财产采取的可供替代的投资策略。这意味着 OA 第 3 层和第 4 层中的所有假设是由业主投资团队建立的。

当我与设施业主一起工作时，我鼓励他们首先确定他们可以为自己做什么，以便他们将能源服务公司提供的其他技术和实施方法的提议进行比较。在选择技术和实施方案中最重要的条件是能够了解能源服务公司为了达到他们提出的绩效标准所创造的价值。与能源服务公司达成协议的明显目的是改善项目的经济状况。

所有的能源服务公司都将力图获得业主的基准线数据作为第一步。如果业主还没有完成基准线数据的制定，那么能源服务公司将与业主投资团队一起工作来确定基准线假设并达成一致。已经拥有基准线数据的业主应该将这个信息提供给能源服务公司并附加说明，如果能源服务公司认为有理由改变任何基准线假设，应该对这个改变进行说明并给出这个改变是合理的理由。改变的可能是初级燃料成本增加的比例或对现有锅炉性能的修正。假设中的改进将使每个人受益，但是所有人必须同意这个改进。

将 Opassess 作为采购评价工具简化了分析过程，将软件中的所有基准线数据提供给任何数量的能源服务公司，然后他们可以建立自己的项目并使用得到相同报告的相同工具来介绍每个解决方案。能源服务公司还可以确定他们愿意承担的绩效风险的水平。例如，业主应该能够与能源服务公司签订一个合同，在合同中确认能源服务公司的标书中所包含的时间、融资、设计、采购、施工、突发情况假设将按时按预算完成。能源服务公司承担超过预算的风险并可能招致超过工期的惩罚。还应该假设如果项目完成没有超过预算，能源服务公司将能够提高其利润率。

通常，最大的项目风险在于初级燃料的成本。业主和能源服务公司可能决定分担确定比例的这种风险。Opassess 不仅对于比较各种可替代的项目解决方案是有用的，而且它还是清楚地阐明合作协议的条款以及跟踪进展的工具。另一个例子是随着时间的推移，设备的运营和维护成本的情况。最初的项目假设将说明这些成本以及成本的增加。合同应该假设，能源服务公司以规定的绩效水平为基础，承担运营和维护风险。当然，能源服务公司应该在可能的情况下受到激励来对这些假设加以改进。

在一些情况下，能源服务公司可能只想建议一个有限的技术解决方案，如向业主出售一些新锅炉。业主评估团队可以只将这个有限的选择作为一个单独的或更大的解决方案的一部分来进行评估。锅炉生产商应该做他的设备性能和固定的安装成本的后盾并提供有保证的维护成本。

能够在所有利益相关者之间全面审查、更新、通信和报告一个基础设施投资计划意味着交易可以达成，而且由于新技术和燃料提供了更高的效率、可靠性和利润率，可以建立、测量、管理和改进效率。

第11章 基于绩效的投资融资

摘　要：减轻与能源供应效率投资有关的风险要求基于绩效的融资。作者记述了她与美国能源部重建美国项目的经历以及绩效测量和项目融资为何对于能源基础设施融资是不可或缺的。通过引用加州大学圣巴巴拉分校和马里兰大学科利奇帕克分校的实例，她解释了传统的独立发电项目的财务结构以及它们如何被应用于整合的能源供应投资。她解决了客户具有明确的融资限制的业务目标并重申了真实的投资机会。

她解释了利用现有的州投资行政管理机构，如经济发展局和联合权力机构来提供低成本融资并使风险多样化的动机和方法。作者描述了项目如何可以获得资产负债表外融资的例子以及用户和供应商获得的收益。

作者介绍了建立可以获得有保证的收益率的投资基金的刺激并对传统的投资选择，尤其是养老基金和其他重要的社会基金的风险进行了比较。

关键词：风险多样化；融资限制；有保证的收益率；独立的发电项目；投资行政管理机构/基金；资产负债表外融资；基于绩效的融资；绩效的测量；项目融资

11.1　重建美国

美国能源部的重建美国项目通过州能源办公室提供资金来发展和支持社区合作伙伴关系，并帮助他们实现提高商业和公共建筑物的能源效率的目标。我不记得具体是哪一年能源部开始重建美国项目，但是我记得为重建美国项目，合作伙伴就能源效率项目融资召开过研讨会，那是一个彻底的失败！

我对于这个融资研讨会采取的方法是引导讨论来了解如何识别与能源效率投资相关的风险并确定减轻风险的方法。

我的假设是通过为与每个项目相关的主要风险提供担保，项目开发商可以向任何金融机构出示合同并获得资金。实际的融资可能是贷款、租赁、债券、拨款、私募股本或其他金融工具，而且这种融资将由于出借人观察到项目为其自身支付的财力而得到担保。有关融资类型的决定将取决于项目参与各方的业务目标。例如，为了达到最低融资成本的目标，项目开发商将在公共或私人负债比率、税收利益和其他考虑的基础上考查谁将拥有项目。

我组织这个研讨会的错误在于假定了参加研讨会的人了解基于绩效的投资。投资的业务目标是如何赚钱，因此，必须测量和管理一项投资的运行能力。

尽管大多数力图进行能源效率投资的人将考虑投资所带来的每年的预算节约，但是由于下面这些已察觉到的问题，测量和核实的功能几乎不是以测量的实际数据为基础的：

（1）安装测量/计量设备的成本。

（2）与人工跟踪、计算和报告的节约相关的时间。

（3）实现信息技术相互结合的困难。

这些观念被迅速用来强调什么是实施能源基础设施投资的最大障碍——缺乏收集能源数据并将其整合到投资、运营、维护、财务、采购和其他决策实践中所需要的硬件和软件投资。简单来说，这是缺乏对能源绩效进行测量的义务承担。

11.2　能源绩效测量

完成基础设施升级和实现由能源节约推动的投资潜力的第一步是建立实时数据采集和整合能源信息的能力。这并不是说我们应该计量和测量到月球。要使它实用，也许是分阶段的，但是要做这件事。

在与一家名为 Silicon Energy（现在名为 Itron）的软件公司创始人和总裁 John Woolard 交谈时，John 表达了他在设法向最终用户出售能源数据管理软件和服务时遇到的挫折。他认为，用户并不关心，尤其是大型商业建筑物的居住者没有动力来节约能源。他指出 Silicon Energy 软件的最大买家是那些想要跟踪其工业和商业用户的电力企业。

在 LAS 从事的所有项目中，第一个投资要求是安装测量设备并提供人力来协调、分析和传播建议和报告。

位于圣地亚哥的海军公共建设工程中心的能源经理 John Thomson 报告称：安装 3400 个电力需求时间间隔计量表将导致 50% 的投资回报，这些计量表每天由资源效率经理上传使用时间和需求数据。这个信息使得公共检索工程中心能够恰当地对基地承租人开出账单——导致承租人行为的改变。

对能源信息的投资不仅是一个非常好的投资，而且如果没有这项投资，由自己为更大的基础设施投资提供资金的机会就会失去。这种情况的例子是伊利诺伊州立大学能源管理主任 Ron Kelley 成功从伊利诺伊州立大学获得了资金来提高校园能源效率，包括安装两个新的中央制冷设备。他从大学的领导那里获得了极好的财务支持来对能源节约项目投资而不需要必须证明成本的节约。

然而，事情的另一面是伊利诺伊州立大学的石棉管道出现泄漏。1997 年进行的 OA 项目评估向伊利诺伊州立大学提供了近 3760 万美元的自我资金用于基础设施升级，包括 500 万美元用于石棉移除及大量不存在节约的其他固定资产升级。通过将没有回报的投资与能源效率改进组合在一起，能源效率能够为其他所需要的基础设施升级提供资金。总的基础设施升级可以不增加伊利诺伊州立大学的资金或能源预算而得到支付。我不得不猜测，伊利诺伊州立大学的石棉移除一定是从资金融资的增加而不是从预算节约中得到支付的。

同样的故事来自南加州大学的副校长 John Welsh。与 Kelley 一样，Welsh 从事了一项对南加州大学的能源节约项目进行投资的自耕民性工作，包括新的照明和中央制冷设备，但是放弃了对证明利用运营预算的节约来为系统升级支付所需要的测量的投资。这些努力应该得到赞许，但是他们没有收获到整合的能源供应投资方法的全部收益。

通过仔细审查包括初级燃料、生产/分配、可供替代的最终使用技术的能源基础设施投资，资源效率将为陈旧的和新的基础设施需求支付费用。这种投资方法要求对投资计划的特点进行记录以便于在所有项目利益相关者中共享知识管理。

不致力于建立和维持对投资计划的测量意味着超过成本、时间和可靠性估计的投资风险要大得多。缺乏测量意味着有限的规划、执行投入和组织混乱。容易地获得、管理和报告与实时运营有关的效率这种能力的缺乏是有限的、耗费时间的。

　　最高层的管理人员必须颁布投资过程目标并提供可以测量、控制和优化的量化过程绩效。投资绩效应不仅是可预测的、可控的，而且通过新技术、燃料和财务变化或改进是可以一直提高的。

　　能源生产和分配投资项目可以从与能源相关的节约中获得支付。如果不包括将所有业务功能作为整合的、合理定期的财务报告进行测量、分析、管理和通信的能力，这些投资就不能被仔细审查、设计、获得资金、建造和维护。由于市场的动态性、交易复杂性以及可能对节约产生影响的其他假设的变化，即使是最富有经验的用户也力图尽其所能获得新的资金。除非能源服务公司合作伙伴能够说服用户，通过承担投资风险，他们的合作伙伴关系将是一个非常好的交易，否则基于绩效的投资是有限的。

　　业务投资决策经常是以预期的年回报为基础做出的。风险是与投资的经济结构中的变化相关的，这些变化会在发展和实施的每个阶段出现。每个投资者都想了解与任何时点相比投资的价值。此外，投资者想改善投资或为投资增加价值，应该对新技术、燃料、其他业务和市场机会进行持续评估，以确保随着时间的推移获得最优的价值。如果不致力于将更新能源投资项目的绩效所需要的数据检索和整合的分析自动化，存在的巨大投资机会将不能得到资金，价值就不能得到实现。

11.3　项目融资

　　维基百科（Wikipedia）中的摘录将项目融资描述为对长期基础设施项目的融资，在这些项目中项目债务和股权被用来为项目提供资金——由项目本身为其担保（所有的项目资产，包括产生收入的合同）并全部由其现金流支付——这个决定部分得到了金融模型的支持。项目融资还被视为有限追索权贷款。风险的确定和分配是项目融资的一个重要组成部分（Project Finance，2008）。

维基百科指出有限追索权融资一直为人们使用，从古希腊和罗马时期为巴拿马运河融资到美国石油、天然气和电力企业基础设施。它进一步指出，"由于更多的国家要求增加公共工程和基础设施的供给，全世界范围内对项目融资的需求仍很高"。它列举了《公用事业管制政策法》和对电力生产的解除管制，"这个结构（项目融资）已经获得了发展并在全世界范围内形成了能源和其他项目的基础"（Project Finance，2008）。

出借人力图确保客户拥有财力来支付他们的债务欠款。在大多数情况下，个人、企业和机构想方设法根据他们自己的收入和信用获得资金。用户通常假设现在不得不将更多的收入留出来或拨出来偿还一个新的贷款、租约或某个其他的债务证券。

我在重建美国研讨会上的假设是每个参加者都想要尽可能多地为基础设施投资筹资，这些资金将从能源效率利润中得到支付。业务目标是使用预算节约来偿还债务。当前的运营预算将支付未来的运营和债务欠款。当出借人能够根据风险减轻合同确认项目是有利可图的，投资项目就会由于表明能源节约或获得固定价格的绩效合同的优势而得到批准并获得资金。

似乎存在一个关于如何为使用能源绩效效率来为投资支付的基础设施投资进行融资的无法逾越的不一致意见。我不是在谈论简单的投资回收概念——意思是说如果灯泡被更换，投资者可能决定新灯泡将减少能源使用并在两年后偿付固定资产和安装的成本。供应系统效率的投资是一项长期对基础设施的投入。可能有效率的照明是项目的一个组成部分，但是数额大的成本会有 20~30 年甚至更长的寿命。能源供应商和服务公司了解如何进行项目融资，但大多数用户不感兴趣,这不是他们的核心业务。没有对正在进行的项目进行测量,能源服务公司和用户对签署协议和作为专注的伙伴做出反应就不了解,也没有信心。

11.4 加州大学圣巴巴拉分校

不是所有的用户都能得到 Kelley 和 Welsh 所得到的那种支持。加州大学圣巴巴拉分校的设施部曾邀请我帮助说服他们的财务主管来为一个校园热电联产项目提供资金。我建议设施和财务人员开会讨论一下都能做些什么,两个考虑很快浮出水面。第一,学校的资金资源有限,这些资金将优先用于新的学术设施。第二,当可以获得资金用于能源节约投资时,财务人员从未看到能源的节约。每个人都同意能源节约导致成本节约,但是不能记录和报告投资的收益。

升级基础设施和提高可靠性的资金成本并不意味着需要把更多的资金编入预算。负债融资可以由运营预算的节约得到补偿。加州大学圣巴巴拉分校也许想要在资产负债表外为其基础设施投资融资,以便它不必使用自己有限的资金或可能将项目外包给能源服务公司。一些大学,如爱荷华大学和新墨西哥大学,建立了新的、非营利的公司来融资、所有、运营、维护并向大学出售能源。

效率可以为陈旧的、不可靠的、造成污染的设施的升级支付费用。加州大学圣巴巴拉分校的解决方案是实施一个像 Opassess 这样的软件项目来获得实时财务报告。能够详细描述投资项目的范围并向财务人员和其他决策者提供实时报告来表明一个重要的投资项目可以为其自身支付费用,不仅将巩固对获得资金的支持,而且使设施部能够更新、通信和管理随着时间的推移项目经济中发生的变化。如果需要外包给合作伙伴或建立新的公司，Opassess 这样的工具将仔细研究业务关系、财务责任以及跟踪和报告结构所需要的合同细节。

11.5 　不可靠的基础设施的严重成本

当我为高等教育设施经理协会举办研讨会时，参加者使我注意到他们的公用事业系统是如此有限、如此不可靠，以至于问题不仅仅涉及效率，而且是关乎生命安全的问题。服务于医院、研究设施和宿舍的出故障的水和电力基础设施可能导致生命损失。效率投资不仅导致生产率的提高、成本控制、排放减少、舒适性的提高，而且可以拯救生命和避免灾难。

到 2000 年，位于圣地亚哥的海军发现 6 个主要基地的效率升级可以为价值亿万美元的新基础设施支付费用。什么都没有发生。在 2007 年，北岛，一个主要基地，供水干管发生了破裂而下沉。这个供水干管本应该在几年前就得到升级，并从能源预算节约中得到支付。升级能源系统将需要预算的增加和/或更高的成本这个观念是美国经济和安全的一个障碍。

11.6 　马里兰经济发展公司

马里兰大学科利奇帕克分校值得我们特别赞赏。在第 6 章中讨论的马里兰大学科利奇帕克分校是用户使用能源预算节约来为其校园能源供应系统升级支付费用的为能源供应效率筹资举措的最好例子。马里兰大学科利奇帕克分校还能够安排基础设施融资来获得资产负债表外的免税融资并能够将绩效风险转移给能源服务公司。

在 1999 年，科利奇帕克分校的 Trigen-Cinergy Solution 有限责任公司（现在名为 Suez Energy North America，简称"Suez"）获得了为科利奇帕克分校校区中央地区 16 座建筑物的电力和蒸汽以及冷却水需求提供服务的合同。Suez 负责大学能源供应系统的运营、分配、维护和扩张。大学是采购天然气、燃油和在需要时采购额外电力的代理商。Suez 承诺投资 7300 万美元用于校园能源基础设施升级，包括一个基本负载为 27MW 的热、电、冷却水联产的发电厂和电力、蒸汽和冷却水的分配系统。这个发电厂通过燃烧天然气来发电并使用废热来为校园地区供热和制冷系统提供燃料。其燃料使用效率超过了 75%。

尽管科利奇帕克分校被表彰为非常非常的绿色——每年获得了足够的效率来向 7600 个家庭供应能源——投资项目因为学校提供项目融资和风险管理的方式而值得嘉奖。为了获得资产负债表外融资，学校向马里兰经济发展公司出租它先前存在的能源供应系统。马里兰经济发展公司发行免税债券来为马里兰大学科利奇帕克分校的能源系统改进融资并与科利奇帕克分校的 Trigen-Cinergy Solutions 有限责任公司（现在的 Suez）签订合同进行科利奇帕克分校能源系统的改造、运营和扩张。Suez 承担了执行的责任——按照预算建造项目、有效率地运营、承担其他风险来向马里兰大学科利奇帕克分校保证他们可以在 20 年中为资本支付费用并实现能源预算节约。马里兰经济发展公司在一个无追索权的基础上精心安排其交易。它不会为其运营收到公共资金。

马里兰大学科利奇帕克分校设施管理副校长 Frank Brewer 报告称，他们与 Suez 和马里兰经济发展公司的关系发展得非常好。项目遇到的唯一一个不曾预料到的问题是相对于电价，天然气价格的快速上涨。这特别是由马里兰公共服务委员会多年来固定电力的零售价格来重组马里兰的电力公用事业生产造成的。鉴于电力价格已经上涨到其市场价值，项目现在运行良好。此外，马里兰大学科利奇帕克分校现在参与到预先购买燃料供应以防止快速的价格上涨。

有两家其他的公司参与到马里兰大学科利奇帕克分校方案征集的最初竞争中，这两家公司都是电力企业的附属机构。Brewer 指出尽管总投资提案大致相等——在 7000 万美元这个范围内——但是电力企业附属机构的提案将使马里兰大学科利奇帕克分校比起 Trigen-Cinergy 的提案多花费 3 亿美元。有三次，马里兰大学科利奇帕克分校不得不面对马里兰公共服务委员会来防御他们当地企业提出的索赔，即这些企业应该因为马里兰大学科利奇帕克分校能源购买的减少而得到搁置成本的偿付。在 Brewer 看来，电力企业想方设法"竭力争取收费"并且"希望看到项目是成本无效的"。学校还考察了一个额外的以木材废料为燃料的能源生产投资。

11.7　世界银行

2006 年 5 月，世界银行发表了一份名为《为能源效率融资：以巴西、中国和印度为焦点的近期经验中的教训》的报告。报告中的声明对美国的能源效率基础设施投资的机会在全世界范围内都是相同的这样一个观点提供了更多证据：

（1）当前，在全世界有几千个具有很高经济回报率的能源效率项目没有得到实施。

（2）阻碍潜在的能源节约发展的主要问题是项目交付机制的落

后状态。

（3）只有一小部分的潜力得到了开发利用。

（4）需要坚定的努力来发展投资机制使其在市场中起作用，市场可以将有效的技术项目开发与适合于收益集中在运营成本节约上的分散投资的金融产品结合起来。

（5）重点被放在如何扩大对分散在整个经济中的能源效率项目的投资，而不是那些集中在少数几个非常大的公司的投资，如能源供应公用事业公司。

（6）需要特定的、定制的努力来发展项目投资交付机制，这些机制在当地市场是可持续运行的。

（7）国内资金来源的缺乏几乎不是真正的问题。相反，没有充分的制度来获得资金通常是主要问题。（The World Bank–ESMAP Report，2006）

我可以从世界银行报告中挑出那些强调能源基础设施投资的重要性及经济机会的陈述。世界银行强烈建议，"仔细的诊断性工作、评估、定期审查以及设计的灵活性以便于项目可以在实施过程中得到调整"（The World Bank–ESMAP Report，2006）。

世界银行认为，"上面的一切将导致项目管理、运营和技术支持的特别高的劳动密集程度，不仅在准备期间而且在项目实施期间"（The World Bank–ESMAP Report，2006）。尽管如果不使用恰当的信息技术我将同意这个陈述，但是有基于网络的、整合的、开放的测量和软件系统发挥作用将解决上面所引述的问题。致力于建设能源效率投资意味着自始至终将这些资产管理和通信工具包括进来。

11.8　指南读物

人们已经写出了许多书、手册和协议来为读者进行能源效率项目融资和测量、核实节约提供指导。下面列出了三本主要的出版物：

（1）世界能源效率协会：《能源效率项目融资手册》（Anderson and Sullivan，1995）。

（2）Shirley J. Hanson 和 Jeannie C. Weisman：《绩效合约：扩大视野》（Hansen and Weisman，1998）。

（3）美国能源部：《国际绩效测量和核实协议》。

这些出版物是非常好的能源效率投资实施的指南，这些投资从节约中得到支付并为能够测量、管理和核实能源节约的重要性提供支持。他们包括了 OA 方法论和 Opassess 报告的特点。Opassess 提供了将这些指南转化成实时的、基于网络的财务信息和报告的能力。Hanson 和 Weisman 认识到互联网的价值并鼓励能源服务公司发现将互联网加入到其"业务工具"的方法（Hanson and Weisman，1998）。为了真正实现美国和全世界所面临的机会，以整合到自动化财务报告中的这些指南的特点和能力为基础的软件工具是迅速扩大市场潜力的第一步。

尽管我憎恶标准这个词，但为了简便，我建议所有能源效率投资融资软件提供一个使人们拥有以下能力的过程：

（1）收集、分析、管理、通信和报告实时数据。

（2）计算供热、制冷和电力设备的实时 Btu 单位成本，包括资本、运营和维护以及燃料，单个的以及整合的系统。

（3）将技术、燃料、设计、采购和施工、所有权和融资解决方案整合到一个财务报价单中。

（4）将基础设施投资解决方案与一个基准线和未来基准线进行比较。

（5）提供工作流程的协同工作能力。

（6）成为可扩展的。

（7）成为一个发现代理人来整合其他系统。

（8）进行调和来详细规划改善的运营和燃料选择并将它们联系起来。

（9）将多个公用事业系统和设施结成联盟。

（10）建立产品目录和一个软件图书馆。

Opassess 包含了信息、数据、功能、用户相互通信、热力学和财务模型。它是一个模板，从这个模板中可以发展出供给方能源基础设施投资最优方法。为能源基础设施提供资金的长期决定需要在一个公平竞争的环境下分析和比较所有的燃料和能源生产、分配和最终使用投资的其他方案，在这个环境下所有的生命周期成本都会得到考虑和比较。

11.9　比股票市场更好

我将要清理掉一个看起来有道理的想法。对能源效率的投资有助于为陈旧的、不可靠的基础设施的升级筹集资金、提供工作职位、减少污染、提高生产率，致力于对基础设施投资来说不可或缺的能源效率可以提供高得多的投资回报。

让我们假设一个基金被建立起来，作为一个池来为能源基础设施投资提供资金。我们再假设投资项目是由像 Opassess 这样的工具提供资金和支持的，在这些工具里存在实时评估和资产管理。能源共同储金是一个循环的投资基金，在这里可以确保投资者得到其投资的利息。通过将这些项目集中起来并跟踪实时资产管理，投资的风险现在依赖于可测量的结果而不是感情的反应。没有人可以操纵投资而不被发现。投资的多样性增加了总资金并减小了风险。

这比股票市场要好。我宁愿看到我的养老基金投资到被集中起来的资本基金来为能源效率融资。

各个州有不同种类的金融机构，尽管它们不具有联合筹资的经验并且可能需要获得法定权限以创建联合项目。

大量电力企业拥有能源效率项目，这些项目主要通过回扣提供用户效率投资的激励。一些州已经批准了系统收益收费（System Benefit Charges，SBC）来为某些"公共利益"活动提供资金，这些活动可能包括能源效率项目。SBC 由消费者以电费账单的附加费形式得到支付。

联合融资和资本资产共同储金项目并不是新鲜事物。联合融资实体的两个例子是国家乡村事业合作金融公司（the National Rural Utilities Cooperative Finance Corporation）和加州资源效率融资管理机构（the Financing Authority for Resource Efficiency of California，以下简称"FARECal"）。

11.9.1 国家乡村事业合作金融公司

1994 年末我在中国扬子江旅游时遇到 Dick Weber。就在我们经历了三峡大坝的建设、扬子江边将被洪水淹没的城镇的拆除和新城市的建设时，我们谈论了中国火电厂的快速发展（我们可以闻到煤炭造成的污染）。我想知道中国人是不是在利用机会来建造热电联产从而不仅为新城市提供电力而且在向他们有效地提供热和冷气的同时减少污染。

Weber 告诉我他在国家乡村事业合作金融公司所做的工作。我听到有关国家乡村事业合作金融公司非常兴奋。这看起来是安排热电联产项目池并为其融资的一个非常好的例子。

国家乡村事业合作金融公司成立于 1968 年，它是一个非营利金融机构，由美国农村电力合作社合作所有。国家乡村事业合作金融公司向超过 1500 个成员提供可供替代的私人市场融资和专业管理知识。农村电力系统服务于美国及其属地的 12% 的电力用户，大约占到总电力销售的 10%，并拥有约 5% 的发电能力。

在 2007 财年末（2007 年 5 月 31 日），国家乡村事业合作金融公司的总贷款和保证金是 192 亿美元，其所有者对国家乡村事业合作金融公司的证券投资了近 40 亿美元（National Rural Utilities Cooperative Finance Corporation，2007）。

11.9.2　FARECal

通过参加加州市政公用事业协会的会议，我听说了 FARECal。它成立于 1993 年，其 17 个成员主要是市政电力、天然气公司和自来水公司，能够作为一个联合融资机构为设备改建和资源效率项目提供资金。FARECal 的网站上这样介绍它：

FARECal 拥有法律授予其的权利，这些权利与下列事项相关：计划、开发、从事、购买、租赁、收购、施工、融资、处置、使用、运营、修理、更换或维护用于生产、传送、保护、再利用、循环利用、存储、处理或分配电力或其他能源或能量、天然气、水、废水或循环水的设施以及能源效率项目和设备。

下面的内容被列为"FARECal 的优势"：

（1）那些如果用别的方法将在消费的那一年中被作为开支勾销

掉的项目，可以在项目的整个周期内被资本化或得到资金来分摊成本。

（2）能源和水保护支出第一次可以在其有效期中把借来的资金转为有固定利息的长期借款并分期偿还。

（3）在某些情况下，那些因为规模太小而不能独立得到资金的项目将可以作为一个组的一个部分得到资金，发行成本将被降低到最小。

（4）债务的分期偿还可以被包括在运营和维护支出中，由此将繁重的偿债保障要求降到最低。

（5）通过联合教育和联合行动，金融市场对这种方式下为这些资源效率活动提供资金的接受程度提高。

（6）与免税、用户端电表设备、私人使用和其他法律考虑有关的问题可以共同应对来建立保护代理机构债务的免税地位的融资标准。

FARECal 已经融资了 6600 万美元。

金融行业已经认识到了资本资产池项目可以尽量减少发行成本并使与个人债券交易有关的时间框架简单化。资本资产池可以通过项目融资得到加强，尤其在资本资产可以用诸如 Opassess 这样的工具进行跟踪的地方。由于从节省中得到额外的支付，投资使得每年的能源节约支付可以循环使用并为额外的贷款提供资金。

公用事业公司和能源服务公司在有能力从对能源效率和可再生的现场发电投资中获得利润时，要求消费者为效率提供资助是没有道理的。相反，应该创建由能够筹集资金、提供排放额度和创造其他工具的金融专家管理的基金来刺激基础设施投资机会，使美国可以迅速、完全彻底转变成一个有效率的、可持续的经济体。

第⑫章 能源效率的提升

　　摘　　要：作者列举了促进和阻碍对能源供应效率进行投资的政策和管理问题。她描述了促进对能源供应效率和可再生资源进行投资的国家能源政策和阻碍其应用的管理领域的行为之间在 20 世纪的斗争。读者将了解到联邦机构、州立法机构、公用事业委员会以及当地政府如何卷入反对能源供应竞争的斗争中。作者在加州和佛罗里达州的经历使战争如何在所有领域打起来这个内情变得十分清楚：特许经营协议、环境影响评估、土地使用政策、公用事业相互联系和备用电协议、电网可靠性和成本、社会定价安排、市场进入、传输系统的控制，最后是解除管制。

　　然后读者了解了他们可以如何通过他们的领导主动性影响战争的结果，从而赢得能源供应效率，以及他们需要如何改变他们自己的组织分割来取得成功。再一次，作者提供了来自客户经验的趣闻，包括海军公用事业的私有化。

　　作者概述了关于如何获得能源供应投资并与能源供应商和服务供应商达成交易的政策和购买策略，这些交易导致成功的和有利可图的合作伙伴关系。她解释了用户和能源供应商如何利用信息技术来减少决策问题、加速实施投资所需要的时间并使所有项目利益相关者了解情况并且不与目标相悖。

她怀疑软件行业与设备生产商、工程师、金融家、基金经理、电力营销商、能源供应公司和其他机构结成合作伙伴来完成能源供应投资和管理软件，这个软件的作用对能源行业来说就相当于微软Windows对世界商业来说一样。

关键词：竞争；解除管制；能源影响评估；特许经营协议；电网可靠性；相互联系协议；土地使用；市场进入；组织分割；社会定价安排；备用电协议

12.1 电力供应系统的现状

美国能源部能源信息局（Energy Information Administration，EIA）预测美国电力负载将以每年1.5%的速度增长（Energy Information Administration，2007）。同时，美国很大比例的发电厂是陈旧的、非常低效的并且污染严重，需要退役或为其装上新发动机，这已经不是一个秘密了。例如，美国电力的50%是以煤炭为燃料的。2004年，美国燃烧的50%的煤炭是在超过30年的发电厂中被用掉的（Trisko，2006）。在美国的清洁能源法案下，这些发电厂免于受到碳排放管制。发电厂越陈旧，其效率越低——2/3或更多的消费掉的能源被丢弃到湖泊、河流、海洋和大气中。

12.1.1 美国电力研究协会

美国电力研究协会（EPRI）在2007年发表了一篇名为《减少CO_2排放的能力——全部组合》的讨论性文章。该协会建议将电力需求的增长限制为每年 1.1%并在 2030 年之前通过实施下面的技术减少碳排放：

（1）最终使用能源效率。

（2）可再生能源。

（3）先进的轻水核反应堆。

（4）先进的火电厂。

（5）CO_2 捕获与封存。

（6）插入式混合动力电动汽车。

（7）分布式能源（Electric Power Research Institute，EPRI，2007）。

EPRI 认为能源效率和分布式能源可以提供 CO_2 排放减少的具有成本效率的、短期的选择方案。它们可以被更快地、成本更低地利用，并直接减少对新发电和传输设施的需要。

ERPI 没有将能源效率和分布式发电视为供给方选择方案。它们被看作"为更清洁的、效率更高的发电逐渐上线购买时间"（如先进的轻水核反应堆和具有 CO_2 捕获与封存功能的火电厂）。

这些陈述看起来莫名其妙。分布式发电取代了中央发电厂和传输设施但是 EPRI 没有将其看作是供给方资源。他们生产的中心是建造新的火电和核电发电，这被称为"更为清洁的、效率更高的发电"。这意味着清洁煤炭和核能可以与分布式发电在排放和效率水平上展开竞争吗？

EPRI 预测对来自能源效率和分布能源资源的发电进行的投资只占到美国全部发电的 6.7%。这个计划是利用对效率的最适度投资来给垄断利益者时间从而发展以新煤炭和核能为动力的中央发电厂，而这些发电厂仍是效率低下的——所有这些将花费 360 亿美元。美国也许能够减少碳排放，但是这将需要多长时间并花费多少成本？

12.1.2　其他观点

2002 年，落基山研究所（Rocky Mountain Institute，RMI）出版了一本名为《规模小是有利可图的——使电力资源规模恰当背后的经济利益》的书。Amory Lovins 和其他来自 RMI 的作者详细阐述了对资源效率进行投资的收益。Lovins 还对许多与进行能源效率投资有关的政策障碍和问题进行了详细论述（Lovins and others，2002）。尽管 Lovins 30 多年来一直是杰出的效率倡议者，联邦和州政策的关注点仍然是支持过时的、效率低下的和污染严重的集中电力生产的运营。守旧派电力企业的利润仍旧主要以出售尽可能多的电力为基础。用户不想将自己的钱花费在对自己的能源生产投资上或者害怕进行这样的投资。

根据《经济学人》环境和能源记者 Vajay Vaitheeswaran 的论述，"通过鼓励大的核能发电厂和大的火电厂，美国在未来几十年中将被锁定在陈旧的、肮脏的、不灵活的和效率低下的技术中。通过这样做，这个国家将在一开始就抑制像微功率这样的创新，并因此放弃赶超能源互联网（Energy Internet）时代的机会"（Vaitheeswaran，2003）。

太平洋天然气和电力公司（Pacific Gas and Electric Company，PG & E）在 2007 年 7 月向加州公用事业委员会提交的《热电联产和小型电力生产半年报告》中列出了在加州的 78 个热电联产项目，这些项目向公用事业提供将近 2513MW 的电力。这还没有考虑用户在现场使用的电力或者那些因为使用了废热而避免的对电力的需求。

2007 年 8 月，David Roberts 在环境新闻和评论网站 Grist.org 上张贴了对 Tom Casten 进行的采访。Roberts 引用了 Casten 的话，"有谁能够说出还有哪个行业（除了电力行业）在 45 年间没有取得 1 个百分点的效率提高（最大为 33%）却仍然还在运营中？人们经常问我，能源问题是不是出在民主党或共和党？我可以给你一个明确的回答：是的。在那 45 年中，大多数的州都来回地变换执政党，而在我们所做的尝试中没有任何事提高了效率。在你说我们需要重新开始考虑一个不同的种类之前，我们还需要多少个十年来抽打那匹马？……认为我们所要做的一切就是将钱投入研发、清洁煤炭等的想法是错误的"。

　　"科罗拉多公共服务局（Public Service of Colorado）刚刚得到建一个发电厂的批准，这个发电厂将使煤炭气化然后运转一个联合循环燃气轮机……用 2500 美元每瓦特来建造那个发电厂，这个发电厂的传输效率将达到 42%~43%。通过 1500 美元每瓦特的价格，Jim Young 在西雅图的市中心建立了一个热电联产发电厂，其传输效率达到了 85%……我曾经做了一个关于如果美国全部采用电力的回收利用将会发生什么的研究。我们可以将发电燃料减少一半。我们可以将 CO_2 排放减少 20%~30%。而且我们可以利用现有的技术从第一个 23% 的减少中赚钱"（Roberts，2007）。

　　如果电力供应商寻求通过与其客户建立合作伙伴关系来安装、运营和维护包括可再生能源在内的现场可再生发电从而建立发电效率，那么他们将提高效率和利润、减少排放并从现有发电厂中获得更大的效用。

12.2　障碍和激励

　　2007 年 8 月，我参加了世界能源工程大会并聆听了南方公司副总裁的演讲，他表达了其公司需要建立新的生产能力以满足由于人们迁移到美国东南地区而造成的新的电力负载激增。我给他写信问他是否愿意使用基于网络的模型来评估他的发电投资选择，这样他的公司可以将作为替代方案的现场（分布式发电）进行投资的经济价值与投资大型中心发电厂进行比较。他表明 OA 和 Opassess 仅仅适用于用户而不适合他的公司。然后我建议说他的公司是最大的能源用户之一，但是没有得到回复。

热电联产、再循环能源、分布式发电、微功率——政治领导人30 年来始终了解这些能源供应投资的益处。正如我们已经讨论过的，1978 年，美国通过了国家能源法案。作为该法案的一部分，他们将《公用事业管制政策法》包括在内。《公用事业管制政策法》通过法律鼓励热电联产发电厂的发展，热电联产发电厂既生产电力又能利用在其他情况下被浪费掉的热。该法律要求电力企业从热电联产厂商以及利用其他可再生燃料发电的厂商那里购买电力。

12.2.1 公用事业管制政策法案的实施

当公用事业管制政策法案下的联邦能源政策促进电力生产效率和可再生燃料利用的发展时，将为这部有重大意义法律提供指导的规定和规章交给了州立法者和管理者——主要是公用事业委员会（也称作公共服务委员会）。同样这些委员会的建立也是为了管理电力垄断企业。现在美国想要竞争来导致更有效率的发电，但是没有制定法律来要求承担提供电力责任的公司有效运营。这引起了守旧派垄断企业和独立电力生产商之间的冲突。夹在两者中间的是试图进行仲裁的公用事业委员会，但是他们在设法保护消费者的过程中却最终设法保护了垄断企业。我想这就是所谓的第 22 条军规。美国需要使自己致力于 Casten 提出的化石燃料效率标准来将其所有的发电包括进来并使那些陈旧的火电厂退役（那 75% 的初级燃料效率怎么办呢?)。真正地解除对发电的管制并让市场发挥作用可以通过效率降低消费者的成本。

　　除了公用事业委员会的冲突,新的发电厂想方设法从州立法机关那里获得支持。在 20 世纪 80 年代,我代表戴德郡到佛罗里达公共服务委员会那里帮助指导《公用事业管制政策法》的实施。我还向佛罗里达立法机构提供证词来试图获得州政府关于热电联产和以可再生能源为动力的发电厂的政策和规定。传闻是佛罗里达公用事业企业如此牢不可破以至于他们没有失去竞争优势,看起来他们针对每个立法委员都有一个说客 (当然是由消费者付费)。佛罗里达州电力企业的政治力量导致了法律和规定来阻碍任何被认为对这些企业构成竞争的发展。只有最努力的开发商能够幸存下来进行有效率的发电。

　　电力企业长期以来进行着坚决的斗争来阻碍新的电力开发商。下面是美国许多阻碍了有效率发电的法律和规章的形式:

　　(1)州法律和许可管制,它们要求获得发电厂选址的许可。

　　(2)关于接入电网的强硬的规则和易变的标准。

　　(3)远远高于市场价格的备用电力和维护电力价格。

　　(4)电力企业偷偷以低于市场的价格向消费者出售电力的交易。

　　(5)使效率投资处于不利地位的税收折旧法律。

　　(6)禁止对消费者实施实时定价。

　　(7)清洁空气法案标准忽视了热电联产产出的效益。

　　分布式发电取得的最有趣的胜利之一发生在佛罗里达公共服务委员会关于分布式发电对电网的可靠性的听证会上。当然,电力企业一心想证实分布式发电是不可靠的。在听证会期间,有人宣布整个南佛罗里达地区由于佛罗里达大沼泽地火灾导致的主要传输线路故障而中断供电。当然,那些拥有自己发电设备的企业和机构仍然能够运营。

由于电力企业的不可靠，戴德郡的给水污水管理局不得不拥有与其进行给水/废水处理和抽水的电力负载相等的备用发电。说一句题外话，当我在 1980 年开始为戴德郡的能源使用和成本做全部账务时，该管理局每年的电力成本大概是这个郡 600 万美元电力花费的一半。该管理局在利用来自废水处理的甲烷为其发电提供燃料方面是一个先驱。最终，这个管理局同意当电力企业需要额外的生产能力提供给其他用户时让电力企业来开动管理局的备用发电机。戴德郡不得不为获得能反映向电力企业提供服务价值的价格而进行斗争。

电力企业在政治和管理方面具有势力这个优势是世界上最强有力的势力之一。在过去的 30 年中，自从 1978 年通过《公用事业管制政策法》以来，电力企业有效地阻碍了美国分布式发电的发展。

该领域的专家还可以列举出更多的法律和规定，可以与美国热电联产协会、美国节能经济委员会、国家能源服务企业协会、国际区域能源协会、美国能源工程师协会等组织联系来为上面列举的障碍以及其他障碍提供更多的证据。

12.2.2 美国国家环境保护局与热电联产的合作伙伴关系

自从《公用事业管制政策法》颁布以来的 30 年间，已经实现了一些法律和管理变化来减少上面所描述的障碍。美国国家环境保护局不仅改变了其对发电厂排放批准的审查标准从而认可为每单位所消耗的能源获得最大能源利用效率的环境效益，而且美国国家环境保护局已经与热电联产协会形成合作伙伴关系来宣传推广使用热电联产从而满足美国更大比例的能源需求所带来的潜在能源、环境和经济效益。

这个热电联产合作伙伴关系报告称，"在 2007 年，热电联产合作伙伴关系帮助安装了超过 335 个热电联产项目，相当于 4450MW

的发电能力。排放量减少相当于：消除了 200 多万辆汽车每年的排放量或种植了超过 240 万英亩的树林"（EPA，2008）。

12.2.3 2005 年能源政策法案

2005 年，《公用事业管制政策法》被一个新的国家能源政策法案进行了修订，这个法案要求各个州制定可再生能源比例标准（Renewable Portfolio Standards，RPS）。根据热电联产合作伙伴关系的热电联产情况简报，"可再生能源比例标准要求电力企业和其他零售电力供应商向用户负载提供一个规定最小数量的来自符合条件的可再生能量来源的电力"。该合作伙伴关系报告称，"截至 2007 年 8 月，可再生能源比例标准的要求或目标已经在 29 个州以及哥伦比亚特区得到建立"（EPA，2008）。不幸的是，这些州中只有 10 个州将热电联产或废热回收包括在符合条件的来源中。为什么否认或阻止它所提供的经济和环境机会呢？

美国热电联产协会"努力工作来提高人们对热电联产技术和系统的认识、消除管理和制度障碍并开发热电联产市场和技术"。美国热电联产协会声明，在使用热和电的现场生产热和电力可以：

（1）帮助推迟昂贵的新传输和分配项目。

（2）减少公用事业公司土地使用的影响。

（3）提高可靠性和电力质量。

（4）向电网提供附加的收益。

（5）减少电网中断带来的影响。

（6）为竞争性能源市场提供一个强大的基础（What is the USCHPA？2001）。

从财务可行性的角度看，美国热电联产协会将下述方面列举为热电联产的经济收益：更低的资本和生命周期成本、降低风险以及为最终用户提供可靠性的燃料多样性、舒适和方便（What is the USCHPA？2001）。

对于没有对效率进行投资的公用事业企业的每个陈述也存在例外。2007 年 6 月，纽约击败了 Edison Steam Operation，被国际区域能源协会（IDEA）授予年度系统奖。IDEA 认为，"Edison 的蒸汽运营单位向曼哈顿大部分地区的约 1800 位用户和超过 10 万个商业和住宅建筑物提供蒸汽用于场地加热、国内热水生产和空调"。蒸汽的大部分来自热电联产技术，它超过了 75% 的效率和 99.995% 的可靠性（International District Energy Association，2007）。

2005 年能源政策法案为用户向能源节约最终使用技术投资提供了税收激励，但它仅仅鼓励了各个州实施实时的电力定价。联邦激励措施的更大部分促进了核电和清洁煤炭技术，而不是有效率的发电技术。

12.2.4　小型发电机的标准互联协议和步骤

2006 年，联邦能源管理委员会要求电力企业为小型发电机（20MW 或以下）与国家电网的互联提供一个简单的过程。由于每个电力企业都可以自己设定与电网互联的标准，分布式发电的开发商遭受到作为阻碍竞争的手段的严重时间和成本障碍。联邦能源管理委员会的裁定帮助小型分布式发电企业克服这些障碍。

12.2.5　2007 年能源独立和安全法案

国际区域能源协会非常高兴地宣布 2007 年能源独立和安全法案"为 2009~2013 年每个财年批准了 2500 亿美元拨款和 5000 亿美元贷款用于机构实体实施能源效率项目和可持续能源基础设施，如可再生热电联产和区域能源系统。此外，该法案提供了大量的项目来支持全面的废热回收、热电联产计划和大量的其他途径来释放热能回收利用的潜力"（International District Energy Association，2007）。

当法律可以批准拨款和贷款时，美国政府正在经历严重的预算赤字，为什么不使用现有的能源预算来为基础设施付费呢？贷款和拨款可能表明了法律的精神——当现在已经有资金能力时为什么要进一步增加赤字呢？能源效率投资所表明的经济机会还包括各州和联邦政府从工资、利润和土地租赁中获得的重要税收收入。大多数从事分布式发电的专家都认为促进分布式发电最重要的激励是移除那些阻碍竞争的政策和管理障碍。

12.3　电力成本将是什么？

在《分布式能源——现场发电解决方案》2008 年 5/6 月刊中，编辑 John Trotti 抨击了集中式发电的低效率和联邦政府依赖电力企业来为能源效率解决办法提供建议中存在的问题，这些解决办法与对大型中央发电站和更多电网进行投资的本质是相冲突的。Trotti 对他认为通过继续依赖电能的集中化而"受害的基础设施崩溃"进行了解释。

他声称，"我已经听说了从现在到 21 世纪中期对我们的主要基础设施进行修理、替换和升级估计需要 15 万亿~30 万亿美元……指挥与控制的领域一旦落入占主导地位的地方利益集团手中就不可避免地被吸引到更高和更遥远的集中水平上，这样一种情况不适合我们国家的需求和发生的变化"（Trotti，2008）。他要求我们不再懦弱并控制能源的未来（Trotti，2008）。

我们已经提出了对 Trotti 关于集中式发电的低效率和进行更大的能源基础设施升级需要这个论述的支持。没有人否认美国需要升级其电力能源系统，也没有人否认与电力企业中央发电厂有关的能源低效率的数字。我们了解到通过对在靠近用户的位置生产能源进行投资可以实现的效率。对 Trotti 的进一步支持反映在能源部和能源专家在近几年所做的研究和报告中。

12.3.1　国家能源政策倡议专家组报告

由 2001~2002 年进行的国家能源政策倡议[①]形成的一份专家组报告将电力服务作为需要国家能源政策中的机会和变化的四个领域之一包括在内 （NEP Inisitiative–Expert Report 2003/2004）。

被列在这份报告中的图 12-1——支持这份报告的专家——中的专家们报道称，"电力生产、分配和消费决策经常是由并不服务于广大公共利益的动机和约束所推动的。推动因素包括高度集中的发电、成本高昂的电网、管理糟糕的垄断企业、命令—控制式的环境管理，以及所有不明智的改革。在历史上，技术选择对大型发电厂和中央发电是有利的，而且公共政策目标导致了一个为垄断保护电力生产和为分配提供支持的管理模式。尽管这个方法帮助美国实现了电气化，它现在正在因为燃料的低转换率、传输和分配基础设施的昂贵投资、高传输和分配损耗以及抑制了技术革新而使社会背负了沉重的负担"。

---

① 国家能源政策倡议是非政府的、非党派的、由基金提供资金的项目，其目的是支持以利益相关者为基础的国家能源政策的发展。这个项目独立于任何贸易、产业或游说组织，并由两个非营利组织 （Rocky Mountain Institute 和 the Concensus Building Institute） 进行管理。拥有调查结果的最终报告被分发给议会、能源选区的领导人和新闻界的所有成员。

Peter A Bradford	Thomas R. Casten	J. Michael Davis
耶鲁大学林业与环境研究学院能源政策客座讲师	私人电力有限责任公司（Private Power, LLC）创始主席和首席执行官	Avista 实验室首席执行官
		前美国能源部部长副助理
Bradford Brook Associate 总裁		
前纽约公共服务委员会和缅因州公用事业委员会以及美国原子能管理委员会主席		
Stephen J. Decanio	John D. Edwards	Reid Detchon
加州大学圣巴巴拉分校经济学教授	科罗拉多大学地质学教授	联合国基金顾问
前总统经济顾问委员会高级经济学家	前壳牌石油公司首席地质学家	前美国能源部首席部长副助理
John H. Gibbons	Victor Gilinsky	Daniel M. Kammen
资源战略，总裁	能源问题独立顾问	能量和资源集团能源和社会教授，公共政策高曼学院公共政策教授，加州大学伯克利分校可再生和恰当能源实验室主任、原子能工程教授
前科学与技术总统助理、科学与技术政策办公室主任、美国国会技术评估办公室主任	前核管理委员会委员、前 RAND 公司物理科学部部长	
Henry Kelly	Amory B. Lovins	Rose McKinney–James
美国科学家联合会会长	Rocky Mountain 研究所首席执行官（研究）	能源工程咨询公司总裁、首席执行官
前科学与技术办公室技术主任助理、国会技术评估办公室高级伙伴	前美国能源部能源研究顾问委员会成员	前内华达州公共服务委员会委员
C. Michael Ming	William A. Nitze	John A. Riggs
K. Stewart 能源集团有限责任公司管理成员	Gemstar 集团总裁	Aspen 研究所能源、环境与经济项目执行主任
	前环境首席副助理国务卿	前美国住宅能源和电力小组委员会人事司司长、美国能源部政策首席副助理部长
Gary D. Simon	Bruce Smart	James L. Sweeney
东北公用事业系统高级副总裁	大陆集团，退休主席和首席执行官	斯坦福大学管理科学与工程教授、能源政策研究所高级研究员、胡佛战争革命与和平研究所高级研究员
前 El Paso 天然气公司副总裁		
C. E.（Sandy）Thomas	前国际贸易商务部副部长	
H2Gen 创新公司总裁	Bill White	
	WEDGE 集团有限公司总裁、首席执行官	
	前美国能源部副部长、首席运营官	

图 12-1 国家能源政策（NEP）倡议：支持这份报告的专家

"更为近期的管理变化并没有总是有助于协调私人和公共利益。当前的环境规定允许电力生产商通过延长肮脏、低效率的发电厂的寿命而受益。新资源审查（New Source Review）规章是发电效率停滞的原因之———在过去的 40 年里美国的发电效率没有取得进步。一个受到管制的电力企业仍然通过建造新的发电站而不是通过对更为成本有效的改进进行投资来获取高额回报。在某些情况下，以促进竞争为目的的解除管制、允许现有的受管制的业主阻止与其进行竞争的发电，可以避免其垄断电路带来的收入损失"（NEP Inistiative-Expert Report 2003/2004：10）。

这些专家建议，电力部门的政策制定应该以以下策略为指导：

（1）通过恰当地鼓励竞争同时保持普遍服务、可靠性、环境和气候保护、透明性和公共参与的规定来调整当前的受管制的垄断系统。

（2）鼓励采用新技术和革新，同时保持环境保护。

（3）消除那些减少环境影响、提高技术效率和降低成本的新兴发电、分配和最终使用技术的商业化所面临的障碍（NEP Inistiative-Expert Report 2003/2004：11~12）。

12.3.2　分布式发电的潜在利益以及可能会阻碍其发展的与费率有关问题

2007 年 6 月，美国能源部进行了一项研究并报告了《分布式发电的潜在利益以及可能会阻碍其发展的与费率有关问题》[①]（美国能源部，2007）。尽管这项研究列出了分布式能源（也称发电）的 30 个好处，它也参考了 Amory Lovins 等在 2002 年详细列出的分布式发电

① 这项研究是根据美国《2005 年能源政策法案》第 1817 部分得到批准的。

的 200 多个潜在利益。归纳起来，这项研究预测了以下这些分布式发电的好处：

（1）分布式发电使得电力企业和用户可以节约成本来满足高峰需求、改善电力系统的电力质量和可靠性，同时可以作为一个财务风险管理工具。

（2）分布式发电可以推迟新的电力生产、传输和分配系统的建设。

（3）分布式发电可以帮助电力企业减少会威胁到环境的排放。

（4）分布式发电有助于减少由于恐怖袭击和天气问题导致的电网故障的威胁。

（5）分布式发电可以减少建设中央发电厂和传输、分配线路所需要的土地。

这项研究中没有提及的是分布式发电可以大大改善美国发电的效率并减少污染。请阅读《规模小是有利可图的》第二部分来获得详细资料。

由于美国的领导人几十年来都了解热电联产和利用可再生燃料为最终用户发电的利益，为什么美国政府在《2005 年能源政策法案》中再一次要求为证明分布式发电的潜在利益而进行研究？

自《公用事业管制政策法》颁布已经过去了超过 1/4 个世纪的时间。尽管 2005 年的研究确定了美国 1200 万个分布式发电单位，但是大部分都是用户应急供电单位，它们在电网出现故障时被用来提供备用电。其他的分布式发电包括具有能源效率的、用户自有的提供电力和热能的热电联产发电厂——大多数是大型企业、医院、大学和其他企业建造的。根据这项研究，电力企业仅仅将用户所生产电力的一小部分吸收到了电力系统中。

这项研究第二部分的题目《可能会阻碍其发展的与费率有关的问题》列出了许多帮助我们接近答案的问题。这项研究大量的陈述反映出选择对生产效率和可再生燃料进行投资的用户所面临的障碍。

也许最重要的是，"国家对电力价格的管理，联邦、州和地方对环境建筑工地的选择，电网相互连接政策和实践可能对分布式发电项目的财务吸引力已经产生的重要影响"（U.S. Department of Energy，2007）。这听起来熟悉吗？这些障碍在《公用事业管制政策法》通过以来就一直存在。

能源部研究列出了分布式发电所面临的 8 个规章方面的障碍。为了强调，电力企业争论道：

（1）损失的销售收入将增加消费者的成本。

（2）电力企业将需要高备用电费在维护或紧急情况停电出现时对分布式发电提供支持。

（3）当他们实施分布式发电时，分布式发电应该为现有电力公司供电系统投资未得到使用而支付退出费用。

（4）分布式发电的电容量对电力企业来说的价值很低。

（5）保护电力企业系统需要最大程度的相互连接费用和要求。

难怪 Trotti 要我们不再像懦夫那样行事并控制我们的能源未来。美国能源政策还没有致力于包括电力、供热和制冷生产和分配的一个整合的、有效的能源供应系统。

12.3.3 美国清洁热和能源协会（USCHPA）

2006 年 2 月，美国清洁热和能源协会发布了一个关于作为对《公用事业管制政策法》修正案的《2005 年能源政策法案》回应的联邦能源管理委员会的政策的政策警报，"……存在来自电力企业反对热电联产的强烈抵制，他们认为他们被迫达成有悖于他们利益的协议。现在实施的据称采取了竞争和电力企业利益的折衷的《2005 年能源政策法案》中的《公用事业管制政策法》修正案很可能在根本上改变了管理结构，在这种结构下许多热电联产、清洁热和能源得到安装"。

USCHAP 的执行主任和总顾问 John Jimison 在 2007 年 2 月写给美国能源部部长 Samuel Bodman 的对能源部 2006 年战略计划 8 月稿进行评论的那封信进一步提供了 USCHPA 不断进行斗争以获取对分布式发电的公共政策支持的证据，他写道："能源部必须注意解决阻碍分布式发电技术部署的非市场障碍，比如垄断电力企业不愿或阻挠在其系统中部署和使用第三方分布式发电，而且能源部应该将帮助克服那些障碍作为其战略计划和努力的组成部分（USCHPA，2007）。"

12.4 电力企业

电力企业部门正在规划的投资是什么？2007 年，美国电力研究协会出版了名为《减少 CO_2 排放的能力——全部组合》的报告，重要战略包括：

（1）部署智能配电网和通信基础设施以使广泛的最终使用效率技术部署、分布式发电和插电式混合动力汽车成为可能。

（2）在美国的特定地区部署传输网以及有关的能源存储基础设施，其具有以 20%~30% 的间歇性使可再生能源进行运营的能力和可靠性。

（3）部署先进的轻水反应堆，这由于现有核舰队持续的安全和经济运行而成为可能。

（4）部署大规模的以煤炭为基础的发电单位，这些发电单位以 90% 的 CO_2 捕获以及相关的运输和隔离被捕获的 CO_2 的基础设施来运行（EPRI，2007）。

我同意这份报告将因分布式发电而成为可能技术的发展定义为，"部署智能配电网和通信基础设施来推动更广泛的最终使用能源效率、分配的能源和充电式混合动力汽车的商业化"（EPRI，2007）。详细说明发展智能配电网的特征是很重要的：

（1）它们拥有或将拥有高水平的分布智能（嵌入式计算机）构建在其基本操作结构中，使得它们成为与其电子环境相互影响的"智能资源"。

（2）它们包括标准化的通信协议，提供 AMI（先进的读表基础设施）与其他设备的高水平的互操作性。①

（3）它们被设计成在多个层面上——分配层面、能源管理系统（EMS）层面和电网运营和规划层面——与一个智能电力基础设施进行整合（EPRI，2007）。

EPRI 报告表明，到 2022 年电力企业将拥有整合的能源管理——由此使得电力系统能够与用户能源管理系统、分布管理系统和用户最终使用系统进行整合。用于研究和部署的年平均投资估计到 2030 年为每年 3.2 亿美元。

尽管电力企业在积极对电力能源系统实施信息时代的应用，他们想方设法每年花费近 4 倍的资金（每年 11.2 亿美元）来完成研究、开发和示范以满足未来的核和煤炭部署。当他们将能源效率和分布式能源视为减少 CO_2 排放的最成本有效的近期选择时，他们力图仅仅对可再生能源发电而不是热电联产进行投资。据预测，分布式能源仅占未来美国总能源生产的 6.7%（EPRI，2007）。

---

① 先进的读表基础设施能够进行实时数据获取和动态能源管理、实时定价信号和紧急情况需求信号，构建在人造的操作系统标准中并与最终使用的最优化进行整合。

12.5 答案——Opportunity Assessment™ 和 Opassess

为什么电力企业只使分布式发电计划占美国总发电的很小一个比例，尤其是当州标准要求 10%~20% 的发电要以可再生能源为燃料时？电力企业承认分布式发电：

（1）减少 CO_2 排放。

（2）与建造中央发电站相比，可以被更快地、成本更低地部署。

（3）更好地使供求相一致。

（4）减少对新的发电和传输设施的需求。

为什么由另一份报告来确定分布式发电的好处，这个问题的答案可以在能源部报告的第二部分《可能会阻碍其发展的与费率有关问题》中找到。这项研究发现，"由于评估分布式发电的财务吸引力的复杂性、缺乏实施分布式发电的经验以及可以观察到的财务风险，还没有一个标准的业务模型使电力企业可以实现与分布式发电有关的利润"。

这项研究的错误存在于其论述中，"由于对用户所有的分布式发电的激励通常比对电力企业所有的分布式发电的激励要大得多，对于用户来说许多分布式发电的潜在利益更容易获得"（U.S. Department of Energy，2007）。我不同意。与用户结成合作伙伴关系通过对分布式发电进行投资而从附加值中获得利润的经济机会，可以在全书中找到。如果没有利润可以获得，为什么有这么多代表与法律和管理上的约束进行斗争的公司和组织能够从附加值中获得回报呢？

独立电力开发商近 30 年来已经使用 Opportunity Assessment™ 方法论和 Opassess 软件工具的变化形式来实施分布式发电。初步评估显示，内部收益率低于 25%而进行分布式发电项目的这种情况是很少见的。这些被用来开发复杂的能源供应和分配项目的规划方法论和风险管理工具是标准的行业做法。OA 和 Opassess 是建立在一个标准的能源供应系统投资业务模型上的。

尽管电力企业很明显致力于将他们的供应系统进行升级并与用户的系统进行整合，但是他们还没有尽力摆脱掉从投资有保障的回报中赚钱的范式。他们受到奖励拥有大型中央发电厂和分配系统的电力企业费率的激励。许多电力企业有促进分布式发电投资的附属公司，这些附属公司与他们那些姊妹公司建立大型发电厂的愿望是有冲突的。美国能源政策使每个人都在垄断和竞争之间保持中立，但是仍然与游戏规则进行斗争。

谁将在电能市场中赢得垄断与竞争之间的斗争？将管理上的障碍移除并促进建立在效率基础上的能源系统投资的协调规划和管理的整合，每个人都将受益。

2008 年 6 月，《金融时报》环境记者 Fiona Harvey 报道了在英国进行的一项评估开发工业分布式发电厂潜力的研究结果。这项研究确定了潜力是"等同于建造 10 个核电站和足够的电力满足全国 2/3 家庭的需要。通过将废热输送到当地建筑物，而利用废热还意味着英国需要进口的天然气数量将仅为当前进口数量的一半。安装或扩展热电联产单位的企业还可以每年节省 10 万英镑的电力费用，并可以通过出售额外的电力和回收利用废热获利"（Harvey，2008）。

英国的研究仅仅考察了大型工业。我认为美国和世界范围内存在的机会要大得多。OA 方法论的使用将对最终使用效率和可靠性的投资与供给方投资结合起来。通过评估对升级和改善最终使用建筑物和设备的效率进行投资的影响，我们可以确定生产设备的规模、选择和运营生产设备以满足最终用户的要求。这种经整合的投资导致了高效率的能源生产和分配系统。最后，通过热电联产以及最佳初级燃料选择实现的每单位所消耗能量的最优化都有助于效率的提高和能源成本的降低，这可以改变我们的电力和热力生产系统并每年为用户在能源效率上节约几十亿美元。

我强烈建议，电力企业使用 OA 和 Opassess 方法将与对先进的轻水反应堆、具有 CO_2 捕获的新火电厂、具有热电联产和可再生能源发电的新电网进行投资相关的开发、投资和寿命成本进行比较。不要忘记将所有政府补贴、排放和废物处置以及设施退役成本包括进来。

采取包括最初燃料、生产、分配和最终使用效率的选择在内的、使用一个标准的规划方法论和基于网络的、实时规划软件的整合能源系统投资方法使得投资者可以：

（1）确定业务目标。

（2）进行增长和增加预测。

（3）包含税收利益。

（4）确立一个基准线预算，这个预算包括基年能源消费、负载和成本以及设备规格、运营效率、运营和管理成本。

（5）确定环境排放和设施退役成本。

（6）在现状的基础上对预算要求进行长期预测。

（7）确定最终使用能源效率措施，包括成本和节约。

（8）调整由于能源效率措施导致的能源使用基准线。

（9）选择和评估可供替代的、能源有效的生产系统技术投资、可供替代的初级燃料选择以及相关的运营和维护、排放和设施退役成本。

（10）选择和评估可供替代的投资实施战略、所有权、融资、施工、采购、建设和风险管理的全部成本。

（11）评估投资风险的敏感性和降低那些风险的选择。

（12）在项目寿命期内向所有利益相关者通信和报告投资计划假设中出现的变化。

（13）在一个动态市场中管理风险。

（14）计算和报告实时节约。

使用一个标准的生命周期成本业务模型使得电力企业可以转向电力企业/用户分布式发电投资并进一步提高技术界面、系统测量、通信、互操作性、动态管理、资产控制和实时报告——所有这些对于确保可靠的、有效的和清洁的能源供应系统来说都是必要的因素。电力企业将赚取更多的钱，同时用户将降低成本、享受更大的可靠性和生产效率以及清洁的环境。

我无法列出现存于联邦、州和地方层面可能会阻碍分布式发电扩张的政策和管理上的障碍，但是分布式发电的所有经济和环境利益表明电力公用事业行业必须做出改变并被要求进行竞争。美国电力生产必须实现能源效率及其潜力的经济利益。美国供给方能源效率规划应该利用一个紧迫的举措来利用竞争、整合的规划、现代技术、互联网和提高的生产效率的经济刺激升级所有的能源基础设施。电力供应系统的规划者、投资者和管理者不应该受到控制来将能源效率和可再生能源限制在电力生产组合的 6.7%。

我确定，如果电力企业选择支持向与用户形成伙伴关系的分布式发电转变，那么限制与费率相关的政策和其他管理政策将很快消失。如果原有的垄断企业允许法律和规章受到对效率做出承诺的推动，那么这些企业将认识到他们的利润目标直接与其用户相关联，他们将由于升级陈旧的基础设施和降低对用户的成本而获利。

在《关掉暖风》一书中，Casten 描写了一个"国家行动的处方"，要求通过采取一个化石燃料效率标准来终止所有对电力生产、分配和销售进行的限制并将发电效率提高两倍（Casten，1998）。记住，他称赞撒切尔夫人，因为她领导她的政府解除对发电的管制、允许生产者零售电力、允许用户在每小时的基础上选择其电力零售商。结果是快速的电力解除管制、更高的效率、更低的用户价格、CO_2 排放减少和持续的可靠性，Casten 提醒我们其他国家有过同样的经历（Casten，1998）。

12.6　排放减少、废物处置和补贴的价值

注意，OA 和 Opassess 不包括能源生产排放和废物处置成本的数据输入，它们也不包括政府补贴。使用化石燃料和核动力来生产电力和热力所产生的环境成本影响对于能源供应投资的经济评估与所有其他因素一样重要，也许更重要。需要确定与初级能源采矿、运输、消费和处置有关的环境成本，电费和化石燃料价格还没有包括这些环境影响成本。由于世界力图创造和维护一个清洁的、有效的和可靠的能源供应系统，必须要考虑对这些成本进行真正比较。我们选择最佳能源供应投资的决策能力必须包括对所有与能源供应投资有关的成本进行比较以及监控投资结果的能力。

第⑬章 领 导

　　摘 要： 作者展示了 Thomas Friedman 如何无意中在《世界是平的》一书中详细介绍了实现 Thomas Casten 在《关掉暖风》中提到的消除阻碍效率障碍目标的方法。她解释说 Friedman 希望看到中国和美国之间的曼哈顿计划是电力能源公司和用户真正需要的。Friedman 的抹平世界的推动力量被用来表明能源供应效率的部分解决方案是致力于合作和使用信息技术及互联网取得的进步的信息。Friedman 想象的一个市场使作者很兴奋，在这个市场中我们的电力、供热和制冷系统被以网络为基础整合为一个有效率的整体，这里的人们每天都介绍新效率和燃料选择。

　　作者要求 Friedman 和 William Bernstein 对领导问题和能源效率开发业务框架的需要进行探讨，这个业务框架是安全的、系统的、可普遍获得的，并且能够快速传达重要信息。Bernstein 在《财富的诞生》一书中认为"资本市场的基础货币为信息"。作者写道："如果世界要获得能源效率并实现存在的经济机会，OA 和 Opassess 或它们的对等物必须被确认并在我们传统的能源系统中被制度化。美国不应该只寻求其自身的能源效率和经济实力，而应该作为榜样发挥领导作用。"

关键词：先进的信息技术和互联网；业务框架；致力于合作和信息；经济实力；抹平世界的推动力量；资本市场的基础货币；领导；曼哈顿计划

13.1　将 Casten 和 Friedman 结合起来

Thomas Casten 在其著作《关掉暖风》中反对继续"给美国垄断者的无效率发电提供保护"。他继续说道，"移除实现效率的障碍、结束所有的能源补贴并且开放能源市场的竞争将至少使电力成本降低 40%，这将提高生活水平并将使世界朝着可持续能源未来发展"（Casten，1998）。

Casten 了解这个机会。Thomas Friedman 无意中详细介绍了如何实现 Thomas Casten 的展望所需要的变化。

Thomas Friedman，当你在睡梦中时，我利用你的著作《世界是平的：21 世纪简史》的引文，将你的话改述一下，"如果我们不能找到一个全新的能源使用和保护的方法，那么我们将引发环境和地缘政治的旋涡"。你继续论述道，"如果曾经有一个进行重要合作的时间，那就是现在，主题是能源。我（Friedman）将希望看到一个伟大的中国—美国曼哈顿计划，一个共同开发清洁可替代能源，将中国最好的科学家及其实施试点项目的政治能力与美国最好的智力、技术和资金结合在一起的应急计划"（Friedman，2005：412-413）。

我鼓掌欢迎并支持 Friedman 的想法，但是对一个全新的方法的需求更击中要害——在电力企业和他们的用户之间的方法。在美国推动一个利用其承担能源效率义务的政治能力的应急计划怎么样？消除电力企业垄断保护并实施一个"曼哈顿计划"，去除那些限制美国从所消费的每个能量单位中获得最大能量价值的能力的法律和管理障碍。

Friedman 认识到"平的世界（互联网所提供的世界）的无意识的结果之一，是它使不同的社会和文化之间发生了更直接的联系"（Friedman，2005：391）。促进电力企业和用户之间的合作伙伴关系谋求不同文化中的改变，美国需要致力于能源效率。能源效率解决方案中固有的是从附加值中获利的全新的方法。为了实现这个，必须建立新的关系。信任在共享对节约能源和交流、管理风险的承诺中建立起来。

13.2　工作流软件和互联网应用

"现在互联网使整个世界看起来像一个市场"（Friedman 2005：188-189）。得到 Friedman 的许可，我将要把建造具有高效率能源供应系统的解决方案应用于他提出的十个使世界变平的力量。Friedman 提供了能源效率的公式。我们所需要做的就是采用它和应用它。秘密是将全球化中的概念应用于能源供应效率。

1[#]——抹平世界的推动力量——如果如 Friedman 所说，1989 年柏林墙的倒下可以"在全世界范围内使权利的天平倾向于那些提倡民主的、一致同意的、以自由市场为导向的治理……使我们考虑这个世界……更像一个无缝的整体……增进最好做法的自由移动……开辟欧盟形成的道路……"（Friedman，2005：49-52）。考虑一下消除垄断保护主义在电力企业和用户之间建立的墙的可能性。

什么导致了墙的倒下？Friedman 觉得，"不存在唯一的原因。但是如果我必须在众多因素中指出一个首要因素，那么就是开始于 20

世纪 80 年代早期到中期的信息革命。极权主义制度依赖于对信息和武力的垄断，太多的信息开始混过了铁幕……"（Friedman，2005：52）。能源供应效率的解决办法是致力于合作和信息。

2#——抹平世界的推动力量——当 Netscape 上市，与开放协议一起将世界联成网络，Windows 95 成为大多数人使用的操作系统。基于互联网的平台使每个人都可以进入互联网。现在人们拥有个人电脑应用软件和诸如 Windows Word 这样的标准化操作系统使他们与互联网相互作用，使用互联网并采用诸如 Opassess 这样的具有操作功能的公共标准来实施能源系统效率。

3#——抹平世界的推动力量——网络启动的工作流软件为人们进行合作提供了技术基础。应用软件可以与应用软件对话。部门和公司可以互相操作。使所有的能源系统信息：设备维护/管理、调度、财务、测量、工程分析、CADD、资金规划和其他相关应用软件可以互相操作。

正如 Friedman 接着引用的 IBM 战略规划部门负责人 Joel Crawley 的话，"我们需要越来越多的公共标准……关于我们如果一起开展业务的标准……围绕着供应链如何被连接起来。所有这些在工作流软件之上的标准有助于使工作可以被分解、重新整合并且无摩擦地在最有效率的生产者之间来回流动。能够自动互相作用的应用软件的多样性将只会受到我们的想象的限制"（Friedman，2005：79）。可以将我们的电力、供热和制冷系统基于网络的整合与每天都介绍新的效率和燃料选择的人们设想成一个有效的整体。

"下面六个抹平世界的推动力量"，Friedman 论述道，"代表了新平台使其成为可能的新的合作形式"（Friedman，2005：81）。我擅自将一些抹平世界的推动力量组合在一起并将这些抹平世界的推动力量应用到整合的能源供应系统中。

开发源代码——ColabNet 的创始人 Brian Behlendorf 说，"如果我

们可以获得创新速度和高质量软件的开放源代码的利益，并与所有这些利益相关者形成合作伙伴关系，将它变成一个企业对内对外都更乐于合作的商业模式，这不是很有意思吗？（Friedman，2005：92）"在供应商和用户就建造先进的通信软件来提高效率和盈利能力进行合作时，将其想象成合作伙伴关系。

（1）外包和离岸生产——与更廉价生产相结合的业务过程实施和改进——使用互联网和光纤来使那些了解灵活有效方法的公司来完成工作并为风险投保。

（2）供应链——在供应商、零售商和用户之间进行横向合作以创造价值——如供应链中的销售点终端机、更少的过剩库存。当所有这些信息被提供给需求模型后，能源供应商可能会在生产时间、生产地点方面变得效率更高，并且将商品运送到正确的地方，因此它能够更有效地流动。

（3）内包——将整个能源供应链的动态最优化——扩大合作伙伴的作用来使公司（不论大小）的全球供应链同步。

（4）信息搜索和类固醇（无线技术）——在任何时间任何地点都有知识和通信可用以使效率最优化。

Friedman 继续写到了关于三方面的融合，在这里有一个"网络启动的允许多个合作形式的公平竞争的环境——知识和工作的共享——实时，不考虑空间和距离，甚至在不远的将来不考虑语言"（Friedman，2005：176）。经济增长的转变意味着将美国电力垄断市场从一个垂直的、封闭的经济改变为一个开放的竞争市场，这个市场由水平的合作支撑并由对能源效率的信奉来推动。

Friedman 最后说道，"我认为真正的问题是领导"（Friedman，2005：333）。Casten 提供了解除电力垄断管制的领导发挥作用的证据，"在撒切尔夫人领导下的英国开始在 1989 年末对电力生产和销售解除管制。6 年后，英国发电产生的二氧化碳排放减少了 39%，氮氧化物排放减少了 51%，所有阶层消费者享受的电价下降了 15%~20%"（Casten，1998：11）。……所有这些都没有政府使用非化石燃料的命令或激励、没有任何强制执行的燃料转换、没有任何罚款或税收减免。电力企业家们只是对有效率的热电联产发电厂进行投资、将现有电厂自动化以及改进管理和经营做法。美国政治和管理方面的领导需要让小公司使用现有技术和在线的、实时的监测来与大的电力企业竞争。重新建立支持能源效率的规则，经济和环境都会改善。

13.3　资本市场的基础货币

William J. Bernstein 在其著作《财富的诞生：现代世界繁荣的起源》中提供了使公众注意能源供应系统方法论和软件工具重要性的有用信息。Bernstein 写道，在除了最特殊的情况外的所有情况中，国家财富并不是关于物质实体或自然资源。相反，它是关于制度……人类思考、相互作用以及开展业务的框架。四个制度作为经济增长的必要条件更为重要：

（1）安全的财产权，不仅是有形财产，而且包括知识产权和人们自己——公民自由。

（2）一个系统的考查和解释世界的步骤——科学的方法。

（3）一个为新发明的发展和生产提供资金的容易获得的、开放的来源——资本市场。

（4）迅速传递重要信息和运输人和商品的能力（Bernstein，2004）。

这四个制度如何应用于能源供应投资呢？首先，OA 能源投资方法论和 Opassess 软件工具是建立在一个规划、实施、评估和管理能源供应系统投资的科学方法上的。方法论中固有的最终融资和所有权策略决定了有形财产的权利和义务。信息软件分派知识产权要求并提供迅速传递重要信息的媒介。

为了使那些想要为其能源供应项目获得资金的企业领导获得资本市场的信任，必须有三个先决条件。为了获得资金，必须证明安全的财产结构、科学应用的分析以及迅速传递对于管理和成本控制来说至关重要的信息。

现代能源供应投资中缺失的是维持财产价值的能力，不存在一个恰当的科学框架和通信媒介来分析和实现能源效率，构成能源供应投资的大量假设是将观察到的资料收集和综合到模型和理论中。业务投资规划是建立在被假设为真的事实基础上，但是考虑到市场的动态，这些投资需要持续地更新、分析和通信。通过经验检验来考查、管理和交流项目价值的能力必须准备就绪来赢得投资者的信任。

Bernstein 称"资本市场的基础货币为信息。资金的生命线在大量的信息中流动，这由于现代通信而成为可能"（Berstein，2004）。他的例子是 Windows 操作系统。因为这个操作系统的使用已经变得相当广泛，Berstein 认为它已经获得了足够广泛的应用从而被称为"生活必需品"。

如果世界要获得能源效率并实现存在的经济机会，OA 和 Opassess 或者它们的对等物必须被确认并被制度化到我们的能源系统传统中。

公用设施和建筑物管理者，维护、采购、资本规划、预算、工程、施工管理人员，调度员，顾问和大量其他专业人员都会影响财产所有权的日常成本。重新叙述 Bernstein 的话——一个共同的业务规划保护团队里每个个体的权利，不仅是为了满足他的明确的工作范围，更要提高生产效率。每个团队的成员提供他那部分营业活动的数据。因此，他拥有他那部分的计划，只要他相信所有其他团队成员都接受决定了计划的同样参数，并且拥有同样的信息和通信媒介来更新、评估和在假设条件变化时改变方向，他改善其工作质量的能力就是无限的（Bernstein，2004）。

美国不仅应该力图实现自己的能源效率和经济实力，而且要作为领导的榜样。

第⓮章 致力于资源效率

摘　　要：这一章为致力于建立统一的语言、最佳的做法和软件工具以比较、测量和报告能源基础设施投资的利益并使所有利益相关者可以获得利益提供了更多的证据。作者论述了为了做出关于时间、地点和投资规模的正确投资决定而能够确定新的、可供替代的投资燃料、技术和实施策略的机会价值的重要性。

"智能"电网被当作一个令人激动的最优化美国能源系统运营的IT解决方案得到介绍，但是IT方法需要被扩展以将能源系统基础设施投资而不仅仅是运营的评估和管理包括在内。

作者讲述了联邦政府设施正面临着的减少能源使用和对可再生燃料投资的总统指令，并引用退伍军人局的例子来表明获得基准线和不间断信息来满足指令要求的巨大任务。尽管联邦政府正在提供几十亿美元来支持一个"智能"电网，像退伍军人局这样的用户却没有能源信息技术或一个框架来满足他们的指令要求，同时他们必须找到花费他们自己的预算和员工时间的方法来设法向前发展。

作者将本书的题目进行拆分以最好地说明其隐含的政策举措以及真正需要做的事不仅仅是能源，而是能源效率。作者还对关键的政府和企业政策举措以实现改变提出了建议。

关键词：最佳做法；致力于；机会价值；总统指令；"智能"电网；统一的语言

美国和世界打算建立新的能源基础设施。它将是有效率的吗？我们将选择实现使用能源效率来为基础设施付费并减少能源成本和由于电力、供热和制冷生产而导致的排放这样一个承诺吗？

实现对能源效率承诺的最重要领域是通过热电联产投资。最大的能源价值和最小的资金成本源于将一次能源燃料转化成有用的电力和热以及从制冷中管理负载影响。对能源有效生产和分配系统进行的投资要从读表的用户端开始并通过获得能源的最大有用产出、负载管理、恰当规模的设备以满足电、热和冷来实现。

需要被建立的是能源系统投资、运营和风险管理的整合而不是分离。

让我们把本书的题目进行拆分：能源效率—投资—能源基础设施—实时—风险管理，并考虑自从 20 世纪 70 年代早期开始这些词如何被应用于美国以及它们需要如何被应用以在 21 世纪实现能源效率和一个清洁的环境。

14.1 能源效率

能源效率意味着从每单位消耗的能源中获得最大的能量产出。向电能和热能转化的本质意味着为了实现包含在能源效率投资中的经济机会，投资者必须接受将电力生产与热能的最佳使用结合在一起。用户和生产者必须一同工作，不仅充分利用初级燃料的所有能量产出，而且获得能够减少能源基础设施投资的规模和数量以及减少污染所带来的额外收益。

美国已经花了几十年来要求家庭、企业和机构用户减少能源使用。节约——最初是关掉恒温器和关掉电灯，后来大部分被转化为感到不舒服和潜在的健康危害，除非这些用户有钱购买、安装和维护效率更高的电灯泡、家用电器、暖气装置、通风设备、空调设备、泵、发动机、控制装置、隔热材料、热窗及其他投资。电力企业实施的刺激计划旨在帮助他们的用户减少能源使用——再一次将能源效率的责任放到最终用户上。公用事业节约计划通常是由向用户收取额外的费用来支付的。

在用户力图对自发电进行投资的地方，电力企业努力创造独立发电的障碍以维持其对市场的控制。针对太阳能和风能发电投资的联邦税收激励时有时无，用户继续对自己花钱投资从事能源供应业务负责。

美国对电力生产和运输的能源效率的承诺并没有成为法律。本身是最大能源用户的电力生产者还没有面临严肃的能源效率和碳排放标准。家用电器效率标准和建筑物法规已经生效几十年了，但是发电标准主要留给电力企业制定，而电力企业的利润是以能源和资本来源的低效率使用为基础的。

能源效率意味着资源效率——不仅仅是从每单位消耗的能量中获得最大的能量产出，而且将降低建造发电厂和分配系统的资本来源成本——基础设施本身。当现场发电不仅使废热得到利用而且避免了对生产更多热能的设备进行投资的需要时，为什么建造单独的发电站和大规模电网？

14.2 能源基础设施

在第 3 章图 3-1——能源系统——中定义的整个能源系统在图 14-1 中再次被展示。我们的能源基础设施不仅仅是电力生产和分配。整个系统包括初级燃料，电、热和冷气的生产和分配设备，以及最终使用结构和设备。

如果我们在能源基础设施投资决策中没有考虑整个系统以及相关的公共和环境成本，那么我们就忽视了热力学和资源效率所提供的机会。能源、资本和人力资源将不能得到有效利用并将促使能源更加昂贵。

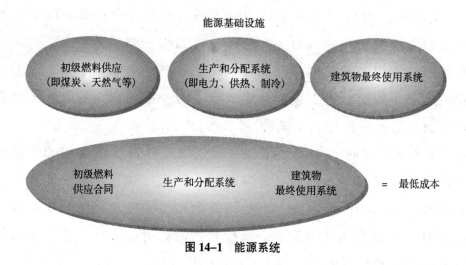

图 14-1　能源系统

14.3　投　资

14.3.1　将各个选择进行比较

美国了解其能源供应系统是陈旧的、产生污染的。几万亿美元的长期投资正在并且将要用于电力、供热和制冷系统中。这些投资将持续 20~50 年，因此，不管我们选择了什么，都将会存在很长时间。做出正确的基础设施和燃料供应投资选择是非常重要的。

当出现关于对太阳能、风能、地热、清洁煤炭、核能和其他初级燃料进行投资的新通告时，投资者如何选择与其他选择相比较的价值，或者任何新的发电厂与整合的电力、供热和制冷生产系统投资相比较的价值？新发电厂的位置和规模怎样与其他选择比较呢？它应该是一个新的大型中央发电厂、分布式发电厂、地区供热和制冷，还是某些其他燃料、生产和分配选择？随着新技术的发展，这些投资选择如何与现有技术进行比较从而可以达成吸引人的交易呢？

在美国，人们正在做出大量努力来对可再生发电进行投资。我赞成这种努力并且已经看到能够同时产生电能和热能的新的太阳能技术，但是建造新的发电厂和电网可能意味着对最终用户来说更高的成本，除非存在一种致力于推动基础设施投资决策的能源效率投资。

14.3.2　谁来埋单？

在我从事能源行业工作的 30 年中，我参加了无数的会议，在这些会议上的发言者指出了对存在于与会者所在房间的能源效率进行投资的机会。30 年后，这些会议中心的所有者还没有进行效率投资。为什么？那些可能有可用资金的业主（也就是用户）更愿意将资金投入他们所出售的产品或服务中。如果设施已经有照明、空调、供热、电力，业主可能会因为每月的账单而担忧，但是花额外的资金来替换现在还能用的设备在绝大多数情况下不是一个优先考虑的事。

即使他们有财务手段，大多数用户对于通过现场生产能量而成为他们自己的能源供应商不感兴趣。为了使基础设施能源效率投资得以出现，供应商必须愿意并且能够与业主结成合作伙伴关系来为有效率的基础设施进行融资、建造、运营和维护。电力企业和能源服务公司拥有知识、财力和成为能源生产商的目标，他们的利益在于对满足最终用户需要的电力生产和分配系统进行投资。如果投资者利润是以获得更有效率和更可靠的能源产出为基础的，那么确保最终用户的设备是有效和可靠的也很重要。所有程度的可靠性和有效性都会导致成本节约，这种节约将用来支付债务和增加的利润。

14.4 实 时

Encarta® 世界英语词典为"实时"提供了两个定义："①某件事发生的实际时间；②数据处理的即时性：计算机系统—从外部源收到数据就进行处理和更新。收到数据、处理数据并对外部过程进行响应的可用时间是由所受到的时间约束支配的"［Microsoft Corporation（Developed by Bloomsbury Publishing Plc），2009］。

Tech Target 的 Whatis.com 网站提供了一套丰富的技术词汇。

Tech Target 的 Search CIO-Midmarket 给出了实时的一个定义：实时是一个形容词，它与在实时进行运行的计算机或程序有关。实时描述了一个人而不是机器的时间观念。（Tech Target：Search CIO-Midmarket，2007~2009）。Tech Target 的 Search Domino 网站将实时合作定义为"一种合作，它使用互联网和上线通知技术来与合作者进行通信，就好像他们就在同一个房间，尽管他们位于世界的另一端。实时合作涉及几种类型的同步通信工具"（Tech Target：Search Domino，1999~2009）。此外，Tech Target 的 Search Unified Communication 称，"实时应用软件（Real-Time Application，RTA）是一个在某个时间框架内发挥功能的应用程序，在这个时间框架内用户感觉是即时的、当前的"（Tech Target：Search Unified Communication，2008~2009）。

本书所定义的实时包括这几个定义。随着美国努力实现概述其能源系统的动态性和复杂性的实时能力，实时的、互联网数据处理、合作和响应非常重要。在实现实时技术上美国现在处于什么位置？一个例子是下面将要讨论的"智能电网"。

14.5　风险管理

风险管理是以量度为基础的——它是将对能源基础设施投资的量度转换为向所有有责任维持和改进投资的利益相关者反映和传递投资在其寿命期内任何时点的经济状况的报告的能力。美国正在发生什么来管理投资风险？

14.5.1 "智能"电网

第 12 章讨论了电力企业对"智能"分配电网和通信基础设施进行投资的计划。在美国能源部的指导下，代表电力企业、技术供应商、研究人员、政策制定者和用户的电网利益相关者已经协力合作来确定"智能"电网的功能。"智能"电网是一个将图 14-1 "能源系统"所示的整个能源系统的运营最优化的令人兴奋的 IT 解决方案。

根据国家能源技术实验室，"智能"电网的性能特点包括：

（1）从电力干扰事件中的自我修复。

（2）使用户能够积极参与到需求响应中。

（3）防止有形攻击和网络攻击的有弹性的运行。

（4）为 21 世纪的需要提供电能质量。

（5）容纳所有的发电和存储选择。

（6）使新产品、服务和市场成为可能。

（7）最优化资产和有效率的运营（U.S. Department of Energy：Office of Electricity Delivery and Energy Reliability）。

"智能"电网举措是一项非常重要的能源政策承诺。专家和用户将有能力实时看到电能消费和负载；用户可以在实时价格信号的基础上做出电能使用决策并在成本会上升的用电高峰时间减少需求；电力调度员不仅可以将在电网上可以获得的所有发电选择连接起来，而且可以与用户一起工作来减少他们的负载，并提供更好的电价。

对"智能"电网的投资还扩大了美国的电网，从而能够得到来自风能、太阳能、地热和其他可再生燃料的发电，以这些燃料为基础的发电在美国目前电网有限的中部地区正在得到发展。可再生能源发电将使美国可以从陈旧的火力发电中摆脱出来。

虽然"智能"电网信息技术方法关注于将电能的生产、分配和最终使用的运营最优化，但它需要被扩大以包括能源系统基础设施投资的评估和风险管理而不仅仅是电力运营。理解并将最有效和最成本有效的新能源供应系统的投资最大化还要求一个包括热能的"智能"基础设施投资方法。

14.5.2 可供替代的能源投资

最近我听到《多疑的环境保护论者》一书的作者 Bjorn Lomborg 提出了这样一个担忧，即对可再生燃料发电进行的投资应该是成本有效的。Lomborg 认为应该将更多的钱投入开发更加廉价的可再生能源发电技术的研究中。尽管我同意应该花更多的研究经费用来提高可再生资源的成本竞争力，但是对电能和热能基础设施进行的投资现在正在进行。建造"智能"电网和可再生能源发电的投资激励已经达到了几十亿美元，并将刺激直接的投资。

美国和世界迫不及待要评估对可供替代的能源基础设施投资的价值，也亟须跟踪、管理和报告这些投资从而管理投资风险以及减少对用户的总成本影响。对电能生产和扩大电网的盲目投资很可能导致用户的成本增加，而且没有关注供热、制冷和用户读表端的水，以及这些能源系统的升级所需要的投资。基础设施投资仅仅关注对美国电力生产和分配进行的新投资，没有获得巨大的效率、融资机会、能源和资金成本节约、生产效率和工作职位的增加以及内在于热电联产投资中的环境排放的减少。

14.6　对新能源信息时代的建议

能源信息技术无疑必须包括软件透明性、互操作性以及监管。投资平衡必须将与财政收入、效率和环境健康这些业务投资目标有关的燃料、技术和其他生命周期成本进行比较。下面讨论七个对于能源基础设施来说至关重要的因素。

14.6.1　采用一个标准工具

对美国来说最重要的目标是采用一个标准的、基于网络的能源基础设施投资决策和风险管理工具。这个工具将成为所有利益相关者评估和比较能源基础设施投资选择和管理投资风险的一个通信媒介。随着新的、更清洁的、更廉价的技术被开发出来，信息工具将准备就绪来对这些新技术的采用进行评估并提供实施地点和时间的决策。

在当前的业务情况和目标基础上，需要全局性的投资架构和标准。首先，要对现有燃料、电力、供热和制冷的生产、分配以及最终使用系统构建模型；其次，可以对可供替代的投资燃料、技术和实施战略的机会价值作为一个整合的系统进行评估并与基准线或当前业务情况进行比较。

OA 和 Opassess 有助于说明支持能源基础设施投资决策和相关的设备运营策略的数据和报告。致力于评估标准、一个统一的语言和软件工具来比较、衡量、报告能源基础设施投资的财务效益对于以适时、成本有效的方式做出正确的投资决策是非常重要的。

OA 和 Opassess 不是唯一可获得的工具。如 Lockheed Martin，Johnson Controls 和 Suez 这样的美国能源服务公司的一项调查证明了大量的专用软件工具已经被开发出来。在没有损害公司知识产权的情况下，这些公司可以通过共同工作来采用一个可以被立即使用的、共同的、基于网络的投资工具而受益。

收集能源服务公司和设备供应商的基准线信息从而为用户提出提议并达成交易需要花费很多时间。因为每个公司都使用它自己的软件工具，用户没有办法确定他们是在同样的基准线的基础上比较各提议还是这些提议包括所有将会影响成本的假设。由于与能源基础设施投资相关的复杂性，用户经常不愿意承担做出投资或与能源服务公司形成合作伙伴的风险。一个共同的工具可以减少完成和实施投资的时间并大大提高供应商和用户共同工作的信任。

14.6.2　关注完整的业务解决方案

业务目标、现状和战略将推动投资解决方案并被反映在财务报表中。在一个生命周期报价单中报告能源基础设施的目的是使存在于不同系统和功能中的孤立数据以一个标准的业务形式被传递、整合、测量和报告。OA 和 Opassess 的开发是以一个标准的独立电力生产方法论和增强的能源工程、基于绩效的投资、项目融资、有利税率和其他行业业务目标为基础的。

诸如效率、资产负债表外融资、碳排放的减少这样的多个业务目标可以与最低成本融资，持平的能源预算，升级陈旧的、不可靠的设备，具体实施，所有权和融资解决方案结合在一起——由此需要报价单规划和风险管理方法。

14.6.3　支持利益相关者通信

也许在根本上更加普遍的是需要建立正确的 IT 架构来支持可以为所有利益相关者获取的能源投资和管理。每个利益相关者需要看到不同的业务功能、系统、设施和其他反映在报价单中的数据的整合和相互关系。表明这看起来是什么样的最简单的方法被展示在下面的图 14-2 中。

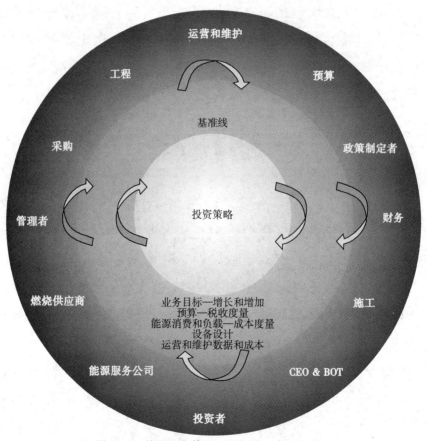

图 14-2　能源业务策略——数据、功能和通信

首先必须实现基准线数据被自动收集和整合到像 Opassess 这样的工具中。基准线框中表示的标准基准线日期被录入。然后，每个

参加能源基础设施业务规划的开发和实时的利益相关者以及服务供应商应该可以获得完成每个功能所需要的数据并通过报价单和其他报告就其影响进行通信。然后，不同的使用者可以通过在现在和将来进行通信和做出决策可能需要的多种方式应用他们的专业知识。

将所有作为能源供应系统组成部分的能源生产商和用户加在一起，包括所有服务提供商和投资者等——如果不能得到反映在报价单中的业务状况，整合和共享信息的能力将变得越来越复杂和不可能。这个 IT 解决方案使得利益相关者能够记录其表现并且不会在数据世界中迷失方向。

所有这些利益相关者需要能够获得与他们的特定功能相关的信息，并且能够在设备寿命期内在整合的投资解决方案中通信和合作。如果没有这种能力，个体可能并且将会做出对投资的成本/收益产生负面影响的决定。例如，负责燃料供应合同的采购专业人员可能影响设备操作人员，这些操作人员必须选择最佳的设备运行做法来控制运营成本。如何设计能源行业的 IT 解决方案对于实现能源系统效率的成功实施至关重要。

国防部与公用事业单位、技术供应商、研究人员、政策制定者和用户进行商议以推动"智能"电网。进行和维持每个能源基础设施投资所涉及的行为准则不仅包括上面列出的利益相关者，而且应该包括设备生产商、燃料供应商、承包商、出资人、工程师、设备运营商、采购专业人员、维护人员和许多其他利益相关者。

14.6.4　为采用给予更多支持

20 世纪 80 年代早期，戴德郡的计算机服务办公室帮助能源办公室将其 2500 个电力账目的记账和核实进行了自动化，所有满足能源办公室所设立的核实标准的电费单都自动传送到该郡的财务会计系统，这个系统生成支票来向电力企业付费。

在开始实施新软件系统时，郡财务办公室的工作人员仍然想要使用纸质账单。我找到财务主任向他解释他的工作人员正在否定软件可以实现的效率。要向前推进就必须提出的问题是——我们是不是正处在信息时代？

新软件得到采用并大大减少了通常人工完成这个工作所需要的工时。此外，软件提供了一个集中的数据库，在这个数据库里，电价计费数据的详细信息大大帮助了能源办公室分析费率、评估效率投资、提供立法和规章听证会的证据、进行工程分析和大量其他功能。

需要考虑一个重要的信息。这个信息就是领导的重要性不仅仅来自政策制定者，而且来自所有企业和机构领导者，不管其头衔是什么。为了实现能源效率，这些领导者需要致力于将他们的能源基础设施带入能源信息时代并指导和授权他们的员工使用信息技术和互联网来协同工作、提高他们的业绩。相应的，领导又来自那些拥有信息、指令、工具和知识来使企业富有的工作人员。

14.6.5 使用户数据和转换自动化

2008 年夏天，我遇到了美国西北和太平洋地区退伍军人局医院和诊所的新能源经理 Kevin Maxson。Maxson 的任务是达到总统指令的要求，使他那里的设施能源使用实现到 2015 年每年减少 3%。为了表明服从，必须从基准年 2007 年开始将每个医院和诊所的能源使用情况详细汇报。除了记录能源节约情况，Maxson 需要评估医院发展，选择和衡量能源投资选择、成本和节约并整合可能影响设施能源节约的其他因素。Maxson 还得到指令，要实现其 10%的能源来自可再生燃料这样一个目标。

Maxson 正力图评估将 Opassess 作为一个软件工具来帮助实现他的目标。Maxson 和他的工作人员需要人工跟踪所有设施的能源使用信息这项工作是非常耗时的，而且不容易获得。将实时、基准线数据收集到一个可进入的数据库使得退伍军人局及其服务提供商能够使用实时数据来进行费率分析、记录运营成本和负载、进行工程分析、评估投资选择——即对所有重要功能的收集，包括对能源节约的计量。

实时的数据是重要的，但是要求会不同。业务目标也许只是每年发生改变，但是电力、供热和制冷能源使用和设备运营的成本增加，可能每分钟都在改变。

大多数数据正在退伍军人局组织内部得到监测，但是并不容易获得，因为它是由不同的职能团队保留在不同的地方的。数据质量的标准也会改变。这些问题几乎不是退伍军人局面临的独有问题；收集和更新数据是公共部门和私人部门面临的普遍问题。Opassess 就其本质来说是一个数据密集型工具，它依赖于在整个组织中发现的信息。

在与 Kevin 的会面中，我们谈到了对于使用信息技术以实现资源效率和解决与管理能源基础设施投资风险有关的问题的大量需要。退伍军人局不仅需要安装使能源和设备运营度量的收集自动化的 IT 技术，而且 Maxson 拥有为退伍军人局选择恰当的针对系统整合问题的 IT 架构解决方案的知识是非常重要的。IT 解决方案将影响退伍军人局实现其能源效率目标的能力。

14.6.6　促进相互可操作的能源软件工具

美国能源部能源效率和可再生能源办公室建筑技术项目提供了一个极好的免费软件工具图书馆。他们的网站这样写道，"这个目录提供了有关 344 个评估建筑物中能源效率、可再生能源和可持续性的建筑软件工具的信息。这个目录中列出的能源工具包括数据库、电子制表软件、成分和系统分析，以及整个建筑物能源性能模拟程序。每个工具都提供了简短的描述以及其他信息，包括所需要的专门知识、用户、读者、输入、输出、计算机平台、编程语言、优点、弱点、技术联系人以及可获得性"（U.S. Department of Energy：Energy Efficiency and Renewable Energy）。

建筑软件工具目录提供了主题标目，包括：整个建筑物分析、代码和标准、材料/成分/设备/系统、其他应用软件。每个主题范围都被划分为副标题，仅代码和材料就有 40 个应用软件可以获得。

许多能源企业应用软件可以从私人部门的企业那里获得，他们不仅提供软件而且提供支撑服务和培训。

退伍军人局的工作从数据采集开始，关注于完成 OA 第 1 步和第 2 步所需要的基准线数据。随着退伍军人局的工作人员了解了需要什么数据以及在医院和诊所的什么地方可以找到数据，他们需要找到一个解决方案来将实时数据检索自动化。记住美国海军在圣地亚哥的经验，他们发现对恰当的读表和测量软硬件进行投资的回收期是 2 年。数据采集和数据检索解决方案应该一起完成。

回想一下第 10 章中"数据收集———一个优先考虑的政策"这个标题下国家能源服务公司协会的证词。国家能源服务公司协会向联邦政府报告称，对数据收集的需要对于实现能源项目的成功是至关重要的，应该是一个优先考虑的政策。Maxson 和千千万万其他能源经理需要帮助完成基准线数据收集并监控正在进行的能源消费模式。

就在据估计公众到 2030 年要为研究和部署电力系统"智能"电网每年平均支付 3200 万美元时，用户所需要的基准线数据却得不到任何资助。"智能"电网是很重要，但是帮助用户收集 OA 方法论在第 5 章中概述的他们的基准线度量的需要更加显著也更急迫。今天人们正在进行能源基础设施投资。度量、通信、风险管理是今天面临的问题。

14.6.7　机构能源单位成本报告

退伍军人局有大量的能源软件工具可供选择。他们应该问的问题是他们应该采用哪个？应该在多个标准的基础上确定选择标准。

退伍军人局将拥有某个早已被安置而必须被编入清单的测量基础设施以及一个制定好的对将整合通信的技术进行投资的计划，然后必须完成数据收集的过程。任何数量的工具和服务供应商都可以获得。

然而，随着退伍军人局选择继续进行，他们应该想方设法获得能在一天的任何时间报告他们的电力、供热和制冷系统的能源单位成本以及所有系统的综合单位成本的软件和硬件。每个商品的单位成本都是由资本、运营和维护、燃料和污染费用组成的。回想第 6 章和第 7 章中介绍的 OA 报告，整合的能源效率和为基础设施投资融资的能力来自在一天的任何时候获得最低的单位能源成本来服务于最终用户的需要。

退伍军人局为了获得效率和可再生燃料而最终选择的资本、燃料、运营和维护投资解决方案的组合将会帮助退伍军人局获得资金并为投资付费。整合的效率将减少综合的能源消费和需求，由此影响设备、维护和其他费用的规模和数量。而且，整合的投资将减少融资、采购和施工的成本和风险。能源企业解决方案必须提供信息、通信、测量和报告能力从而随着时间的推移管理资产。

14.7　学生能源中心

2007 年秋天，我与丰田北美公司的设施工程部经理 Bruce Bremer 谈话。在向 Bremer 展示了 OA 和 Opassess 之后，他认识到这个方法论和软件工具的价值并要求与他的设施经理进行讨论。不幸的是，来自设施经理的反映是转变这些经理正在使用的现有数据技术所需要的工作将非常耗时，我以为这也可以被解释为成本高昂。

这个时候，总统竞选正在全力进行中。我突然想到奥巴马鼓励将更多的教育重点放在数学和科学方面的想法，帮助学生通过志愿者服务来为高等教育支付费用可能是解决能源基准线数据收集这个重大问题的办法。美国教育者报告需要促进科学和数学方面的学习。大学已经有专家来培训学生进行大规模能源数据收集和记录，应用科学经常是学习并对社会做出贡献最好的方式。

为什么不把工业评估中心（Industrial Assessment Centers，IACs）扩大成一个学生能源中心？在工业评估中心，来自 26 所大学的学生向中小制造商提供能源和废物评估。当然，已经有能源数据技术专家选择数据标准来用所有的电力、供热和制冷商品的能源数据仓库发展和整合用户业务状况。大学教授和来自能源工程师协会和其他协会的专业人士可以培训学生收集和填入每个用户有关业务、能源和设备信息的数据库，并维持一个进行中的、有效的数据库，从这个数据库中可以检测、实时更新和报告能源效率。

将这个工作与建立一个循环投资基金来为能源数据系统硬件和软件支付费用并且与专家为用户设计能源信息系统进行交流结合起来。由于提高了运营、维护和能源使用的效率而从能源预算中得到的节约将为能源信息系统支付并循环回到基金来为其他用户提供投资资金。当然，如果"智能"电网的价值在未来 20 多年中是每年 3200 万美元，那么将基准线数据和基础设施投资及资产管理信息通信技术进行估值将与其价值相等，并将提供对投资的更直接的回报。

获得提高学生学习建立能源信息系统所需要的数学、科学、IT和财务知识动力的教育机会是令人兴奋的。而且，将这些学科知识应用于实际情况可以大大提高真才实学并提高技术研究和开发，实地工作将考查我们的技术和投资解决方案以及我们的教育要求。灵活性和合作是重要的，但是如果 Bremer 和 Maxson 可以在能源和资源效率方面获得帮助，尤其是免费的帮助，他们就能够向前推进并实现他们的业务目标。

向前走将不会非常简单，而且它将需要进行筹划。已经有大学研究所、教科书和专业论文详细论述了业务规划、能源管理、财务结构和其他学科的过程。需要将它们组成整体来提供实施能源基础设施投资所需要的工具和受过良好培训的劳动力。斯坦福和许多其他大学已经致力于跨学科的教育并认识到这值得付出时间和精力。能源工程公司对于项目规划和时间安排有甘特图。[①] 能源信息技术发展的过程已经被人们了解很多年了，许多公司能提供这些服务。

也许能够促进用户实现能源效率和投资风险管理的信息技术发展的另一个重要参与者是国防部高等研究计划署（Department of Defence Advanced Research Projects Agency，DARPA），它为工业、高校、政府实验室和其他地方的研究人员提供资金，进行将有益于美国国家安全的高风险、高回报的研究和开发项目。当然，美国的经济、能源和环境安全应该获得国防部高等研究计划署的支持。

---

① 甘特图是一种条状图，它说明一个项目的时间安排。甘特图说明了一个项目的终端元素和概要元素的开始和结束日期。终端元素和概要元素由项目的工作分解结构组成。

14.8　更大的能源系统

图 14-3——更大的能源系统——是关于"智能"基础设施投资和电网技术如何可以与退伍军人局的 Opassess 或业务报价单整合在一起的一张图，可以将退伍军人局的 Opassess 当作一个大得多的组织的一个部分。我们可以回到人体的解剖上，退伍军人局的 Opassess 就是一个细胞，它与许多属于其他能源用户的 Opassess 细胞组成一个整体。每个生产和消费能源用于电力、供热、制冷和其他二级能源商品的实体是另一个细胞。每个细胞有它自己的 Opassess，它可以被连接在一起并调度来在每个细胞与更大组织相关

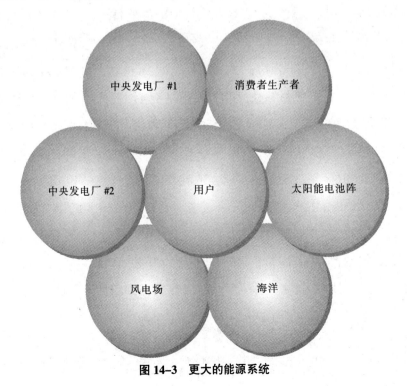

图 14-3　更大的能源系统

时实现每个细胞最有效率和最有价值的投资和使用。使用这个方法，细胞和功能的完全相互连接就是可能的，一个或更多细胞的风险或情况不佳可以被诊断出来并隔离，从而维持更大系统的健康。

14.9　总　结

曾经与 Thomas Friedman 一样，我也认为能源投资世界需要一个标准化的通信工具或"抹平世界的推动力量"，像微软的 Windows。我为应该如何处理最初用来说明能源效率的巨大投资潜力的 OA 方法论和 Excel 电子制表软件做了大量努力。我凭直觉认识到投资过程需要基于网络的、能够实时地将所有功能整合和交流的能力，并且要有许多其他能力。尽管我在寻求一个标准工具，但是我不想这个标准工具遭受到与 Windows 相关的专利问题。我想要促进竞争以及开放的、可互操作的和可扩展的解决方案的多样性，使其成为快速变化的有效工具。

我将最终的 IT 解决方案交给了专业人士，但是坚持不论有什么发展，软件开发目标必须是实现作为本书基础的所有目标。

投资目标是将可供替代的燃料和技术基础设施投资的全部财务影响进行比较，这些解决方案是生产电力、热能和冷能以满足有效的需求。对任何提供能源和可靠性的燃料和技术进行投资的机会都应该根据对所有成本的考虑来决定。

实现能源效率、更低的成本和排放的目标太复杂，以至于很难在黑暗中利用成堆的论文来完成。然而美国在奋力维持其封闭的、过时的、低效率的能源供应系统。最先进的信息技术和标准是重要的。将对于评估和维持对所有能源燃料、生产、运输和最终基础设施选择来说都至关重要的度量与假设进行整合要求一种协同，而这种协同只能以电子方式提供。设计、采购、建造、融资、所有、运营、维护和管理能源基础设施的复杂的技术和交易同样依赖最好的可获得的信息技术。

没有信息和通信，企业和用户就不能了解有效能源基础设施投资的价值，也不能向前发展以利用存在的资源机会。超越开展业务的传统技术和方法的是使用标准的能源供应投资方法论和现有技术最优化系统的设计和评估变化的方法。一个符合业务标准的、信息管理和开放的、可互操作的软件工具的框架能够导致最佳做法的结合和一个高度紧张的基础设施投资氛围。财政收入可以非常高，但是风险很低。美国将满足其拥有可靠的、负担得起的、污染更少的能源和促进安全的投资、就业和业务优势，以及对清洁环境的需要。

第⑮章　协力合作的框架

　　摘　要：作者再一次概述了将能源效率作为美国能源供应政策组成部分所面临的障碍，并提供了在竞争势力中进行合作的解决方案。作者展示了电力研究所和电力创新研究所分布式能源公共/私人合作关系研究室的研究发现来描述建立合作关系的障碍，找到了能使所有合作方获得利益的方法以及开展合作所需要的框架。

　　作者还对其他政策提出了建议，如建立一个碳排放的市场价值和其他污染成本来包括投资生命周期成本核算，以及采用 Casten 的化石燃料效率标准。作者介绍了一些目标，力图在这些目标的基础上实现一个框架来促进竞争、鼓励增长。作者列出了可以通过致力于效率和开放性而实现的成就。

　　最后，作者推荐了一个能源效率团体来培训学生进行所需要的大型能源数据收集和记录。美国的教育工作者受到鼓励来使用应用教育以学习开展实地工作所需要的数学和科学知识——一种学习和对社会做出贡献的方法。作者指出使国防部高等研究计划署参与到支持研究和开发项目将确保我们的经济、能源和环境安全。

　　作者要求所有的领导者改变我们建造无效率的能源供应系统和促进垄断控制的文化，使自己致力于使用信息技术工具和标准来支持有效基础设施投资和运营的竞争性度量。

关键词：应用教育；建立合作关系的障碍；能源数据收集和记录；能源效率团体；合作的框架；排放的市场价值；研究和开发项目；安全

美国和其他地方的能源效率、可靠性、安全性、灵活性、电能质量和排放减少的实现意味着将能源生产作为分布式发电、中央发电厂和效率的组合进行投资和整合。其实现要求美国从 20 世纪的公用事业企业使国家电气化的垄断文化前进到开放市场、资源有效的文化，在这个文化中公用事业企业和能源供应公司以及用户协力合作以实现一个所有单位共赢的经营成果。美国的经济刺激现在集中在将美国能源系统向可再生能源的转变，这个刺激不仅包括花费几万亿美元促进对使用可再生能源生产电力和热能的投资，而且包括花费几万亿美元提高最终使用的效率和扩大、数字化新的"智能"电网。

尽管对于这些举措存在巨大的公众支持和大量的活动来利用这个刺激，受管制的电力企业仍然害怕失去用来支付其固定成本和股东回报的收入。美国正在进行一场如何将其自身从将美国电气化的根深蒂固的文化和管理框架转变到一个以可再生燃料、基础设施效率和更清洁环境为基础的新时代的斗争。但是我们如何知道这些钱被明智地花掉？美国的电力和热能供应系统将被如何转变的问题仍未解决。

我问过投资领导者和决策者，如 Google 公司的气候变化和能源举措主任 Dan Reicher，加州公用事业委员会委员 John Bohn，前联邦能源调整委员会委员 William Massey，以及加州大学可再生与适当能源实验室创始负责人 Daniel Kammen，"现在正在被用来评估可供替代的能源燃料、发电和电网以及效率投资的标准投资决策和风险管理工具是什么,这样我们会不会增加用户不必要的成本?"问题并没有得到回答,但是需要回答。我们的经济和环境正处于危险之中。

Bohn 做出的进一步评论表明他不清楚"智能"电网是什么。美国已经为"智能"电网投资了几万亿美元,它是达到我们能源目标的一个不可缺少的部分。必须对这个投资举措的可交付物进行清楚的定义,从而以最小的成本支持和维持所有最好的投资和做法。钱正在被花出去,现在是时候搞清楚"智能"电网是什么,以及如何将它与整个能源系统的转变整合在一起。

15.1 公用事业的激励

为了激励电力企业对能源效率进行投资,转变电力企业在由于实施能源效率投资而减少了收入的情况下所面临的管理上的遏制因素是很重要的。大量的州计划已经得到实施并且正在被美国能源效率经济委员会评估(Kushler 等,2006)。例如,联邦政府正在将各个州收到几十亿美元刺激资金来为能源效率项目提供基金与使电力企业"摆脱"从它们销售的能源中获得收入和利润的措施联系在一起。与电力企业从以所允许的最高价格出售尽可能多的能源中获利以及用户根据价格信号做出他们使用多少能源的决策相反,电力企业将向用户收取一个固定的电价而不管使用量是多少。一个将预计销量向实际销量进行调整的时期将会出现。

我不确定不管用户消费了多少能源而收取固定电价将如何鼓励能源效率。当然,这看起来像是帮助过去低效的电力企业摆脱投资困境。

另一个管理方法是提供电力企业股东表现激励来实现能源效率目标。根据我的经验，电力企业已经受到激励来对能源效率进行投资。来自附加的能源基础设施投资的利润已经表明要比电力企业当前的回报率高。

电力企业可以利用适用于可再生能源发电投资的联邦税收减免。碳排放成本日益加剧。美国大部分的电能都来自陈旧的、低效的、应该退役的火力发电厂。向新能源时代的合理过渡对于 20 世纪将美国电气化的先驱者和 21 世纪的用户和投资者来说都是重要的。

15.2 一个框架

2004 年，美国电力研究所和电力创新研究所分布式能源公共/私人合作关系研究室研究了破除分布式发电发展所面临障碍的方法。该项研究发现最大的障碍是电力企业和分布式发电倡导者之间的敌对态度。研究的结果是要促进合作关系和发现使双方都受益的方法。

美国电力研究所和电力创新研究所分布式能源公共/私人合作关系研究室要求建立一个框架，围绕着这个框架，所有的利益相关者可以共同工作来确定和量化分布式发电业务的投资关系并建立一种合理测量和报告分布式发电市场整合的办法。美国电力研究所认为，要建立合作伙伴关系并利用每个利益相关者的最佳资源、知识和技能 (EPRI Electric Power research Institute，2001~2008)。

下面的一个框架正是正确的解决方案。OA 和 Opassess 提供了一个将能源效率建立到能源供应系统中的框架。致力于能源效率对于所有的利益相关者来说都是具有获利机会的好事情。朝向效率的市场活动在增加。我们知道怎样获得效率。可以获得信息技术来使利益相关者推进效率。

在未来几年中还有许多其他的细节问题需要解决。碳排放的市场价值正在世界范围内发展。通过税收或总量管制和交易来限制 CO_2、硫和其他污染物的公共政策导致了赋予财产价值，并从这些价值中来比较对发电、供热和制冷进行的投资。与核废料有关的污染成本、发电厂拆撤成本和其他与能源生产有关的公共成本必须得到确定并在进行能源基础设施投资的决策中加以考虑。

我强烈支持采用 Thomas Casten 建议的化石燃料效率标准来提高资源效率和降低碳及其他燃烧化石燃料导致的气体排放物的影响。我还支持那些将会解决核废物处理的环境影响并将这些成本包括到对使用核燃料发电的评估进行综合考虑的政策。能源供应的环境成本需要被包括到对每个项目投资和运营的考虑中。

需要考虑能源基础设施的选址成本。与当地发电厂相比，中央发电厂需要包括建造和维护分配设备的成本以及能量损耗、土地要求和环境影响。应该把相关的分配能量损耗包括在每个能源基础设施投资可供替代方案的总成本中。

还没有解决的许多细节问题确实是复杂的。如果科学家可以勘查 DNA，他们当然可以勘查。我们人造的能源基础设施可以将能够最好地满足能源效率、清洁环境、可靠性、安全性、灵活性、强大经济和合作这些目标的初级燃料和技术纳入这个基础设施中。

这个框架利用自由企业交付当前解决方案最有效率的应用并支持将来解决方案发展的能力。

一个致力于效率和开放性的能源信息时代可以：

（1）在消耗的每单位能量中使能源产出翻番。

（2）拉平用户的电力负载。

（3）增加中央发电厂的使用和效率。

（4）减少对电力传输系统的需要。

（5）大大减少为生产热能而消耗的燃料。

（6）降低电力消费。

（7）改善环境。

（8）为电力企业基础设施升级和扩张提供资金。

（9）使投资者有能力评估和比较可供替代能源燃料和技术的生命周期价值。

（10）将所有电能和热能生产设施、设备和燃料的调度、效率和价值进行整合。

（11）保护投资风险、能源可靠性和受供应中断影响。

（12）提高企业生产效率。

（13）提供当地就业职位和工业生产。

（14）使人们能够共同工作来创造一个更好的能源未来。

我希望所有的领导者改变我们建造无效率的能源供应系统和促进垄断控制的文化，使自己致力于使用信息技术工具和标准来支持有效基础设施投资和运营的竞争性度量。这个激励将来自协力合作从而对效率进行投资以及建立一个信息基础和资本基金的框架来支持能源基础设施投资，而不是来自新的拨款。

PART **4** | 第 4 部分

附　录

第⑯章 工作计划：2009 年美国复苏与再投资法案

摘　要：2009 年美国复苏与再投资法案的通过提供了一个说明此类计划的机会，这个计划致力于将曼哈顿计划举措不仅仅应用于成功实施该法案分配给能源基础设施投资的几十亿美元的种子资本，而且完成《能源效率——实时能源基础设施的投资与风险管理》中阐述的信息技术和数据收集并将法案提供的种子资本返回到联邦的保险柜。作者在六个标题下概述了法案的规定，解释了与对能源生产、电网和最终使用基础设施进行投资有关的目标，并为完成投资提供了基本规则。此外，作者概述了包括二十个任务和一个与法案的时间框架相对应的进度表的工作计划。通过遵循这个工作计划，不仅项目可以得到实施，而且联邦种子资本可以成为项目融资和偿付的一部分——由此可以减少联邦预算的负担。

关键词：2009 年美国复苏与再投资法案；曼哈顿计划举措；法案的规定；基本规则；工作计划；偿付

尽管第 14 章和第 15 章参考了 2009 年美国复苏与再投资法案（Wikipedia：American Recovery and Reinvestment Act of 2009），但是该法案中提供的用于能源投资税收减免、退款、对政府建筑物的投资、贷款担保、危险废物的清理、电网的现代化和扩大，以及相关的能源基础设施研究、管理和投资成本的大量款项都需要指导。下面提供了一个工作计划，这个计划以一个进度表和任务大纲的形式来说明为资金富有成效的使用提供指导，确保能源效率投资为比法案中所展望的那些投资要多很多的投资支付费用的乘数效应，以及按时按预算实施。此外，工作计划的实施可以获得最成本有效的投资决定、规避风险、跟踪结果并使其具有连续的能力来评估和采用新技术。

下面列出了经选择的对与能源基础设施有关的法案规定的总结。由于能源效率投资在最终法案的不同部分相互交叉，我事先对于任何疏漏或重复表示歉意。由于某些规定，如能源部的 20 亿美元，没有明确说明资金的使用，我把它们包括在内，但它们也许不与基础设施投资直接相关。

为了尝试确定刺激计划的目标、将工作计划集中在具有最大融资承诺的领域以及为任务的顺序排定时间，我在下面的六个标题下列出了法案的规定：

家庭（98.5 亿美元）

（1）43 亿美元家庭能源贷款用于向在 2009 年和 2010 年使他们的家庭更具能源效率的房主提供扩大的贷款，房主可以将大量项目成本的 30%但不超过 1500 美元扣除，这些项目包括安装具有能源效率的窗、门、火炉和空调等。

（2）50 亿美元用于增强中等收入家庭房屋等的越冬御寒性能。

（3）3 亿美元用来购买具有能源效率的家用电器。

（4）2.5 亿美元用来提高低收入家庭房屋的能源效率。

政府设施（265 亿美元）

（1）45 亿美元用于美国总务管理局的能源效率和可再生能源。

（2）40 亿美元用于在美国总务管理局内建立一个联邦高性能绿

色建筑物办公室。

（4）40 亿美元用于公共住房的改善和能源效率（住房及城市发展部）。

（5）63 亿美元用于州和地方政府对能源效率进行投资。

（6）45 亿美元用于州和地方政府提高联邦建筑物的能源效率。

（7）32 亿美元用于能效和节能整笔补贴。

可再生能源发电（134 亿美元）

（1）130 亿美元用来将税收减免扩大到可再生能源生产（直到2014 年）。

（2）4 亿美元用于地热技术项目。

电网（247.5 亿美元）

（1）110 亿美元为"智能"电网提供资金。

（2）45 亿美元用于电力和能源可靠性办公室将国家的电网和"智能"网络现代化。

（3）60 亿美元用于可再生能源和电力传输技术贷款担保。

（4）32.5 亿美元由西部地区电力管理局用于电力传输系统的升级。

研究、培训和管理（50 亿美元）

（1）25 亿美元用于能源效率研究。

（2）5 亿美元用于培训绿领工人（由劳工部完成）。

（3）20 亿美元给美国能源部。

清理（94 亿美元）

（1）60 亿美元用于清理放射性废物（大多数在核电厂）。

（2）34 亿美元用于碳捕获使用（Wikipedia：2009 年美国复苏与再投资法案）。

16.1　对目标的解释

与能源生产、电网和最终使用基础设施投资有关的能源目标被解释如下：

（1）对政府设施和住宅的能源效率进行投资。

（2）根据使用的时间，通过利用信息技术将分布式发电站和中央发电站的电力生产选择与最终使用的设备运营进行整合来减少建造更多发电厂的需要。

（3）升级和现代化电网，尤其是能够从太阳能和风能发电设施那里传输电能。

（4）促进以可再生能源为燃料的能源生产。

（5）清理环境排放。

（6）关注能源效率和绿色能源，将其作为未来首选的能源生产。

（7）使用刺激资金来在 2~5 年内启动对效率和可再生能源的投资。

16.2　一个基本规则

能源需求与供给投资决策是与风险直接相关的。向用户提供可靠的服务需要多少电力生产和传输的基本推动因素是一天中任何时刻电力消费和负载需求的数量。电力供应公司应该关注于使用一揽子刺激计划来使政府设施有效率，这样他们就可以准确地评估、选择和运营电力生产和电网投资。

能源效率要求对整合的电力、供热和冷却水系统进行规划和实施。所有的电力生产和电网投资选择都需要与位于用户电力、供热和制冷负载之处或附近的可行的分布式发电投资进行比较。

对能源和设备性能度量、单位成本和增长因素的测量和通信对于投资决策、运营调度和风险管理来说至关重要。能源效率投资的第一步是对测量收集和软件程序进行投资，从而设定所有能源生产和消费使用、负载和维护的基准线并对其进行计算、报告和升级，目的是确定一天中各个时刻的电能、热能和冷能的生产能力需求和单位成本。

为了将电力生产和电网投资决策进行比较，应该将所有成本包括在计算中。在选择和运营增加的新发电厂时必须考虑对发电厂、电网增加、废物处理、拆撤的正负面成本和其他与能源基础设施投资有关的寿命周期成本。

将过程、基准线数据以及方案提交和评估格式标准化和自动化将提高信息的质量，提供对可供选择方案的公平比较并减少实施投资的时间、费用和复杂性。所有的利益相关者都使用统一和更新的数据将有助于迅速达成交易、减少投资规划和采购的成本并准确地报告结果。

16.3 工作计划

考虑到激励对政府建筑物和住宅进行投资的时间框架是 2 年，以可再生能源为燃料的发电上线的时间框架为 5 年，我建议种子资本被用来完成下面的时间表和任务：

1~6 个月

（1）致力于开发一个基于网络的标准能源投资业务规划和资产管理的软件应用，为测试和培训制订计划并完成测试和培训，尤其是利用能源工程师协会、建筑经营者和经理协会以及大学工业评估中心中发现的设施经理和高校能源团队。

（2）培训和启动使用 OA 和 Opassess 收集的基准线数据来建立 OA 的第 1 步和第 2 步中列出的以及在 Opassess 每个政府设施（包括住宅）数据录入中详细说明的基准线数据和数据录入（Opassess 免费软件数据将最终被转移到投资标准应用软件中）。

（3）确定性能要求和自动化能源使用、负载、单位成本数据收集和对以使用时间为基础的电能、热能和冷能的费率进行分析所需要的估计预算，使用刺激资金来开始采购和安装每个政府设施所需要的测量硬件和软件——包括人员维护/管理/报告成本、为人员分配任务和进行培训。

（4）提供一个数据软件计划来将设施规模和使用数据以及能源生产和分配运营、维护、成本和从设备管理系统得到的预算数据、CADD、工作订单管理系统和财务管理系统软件转移到投资计划应用软件中。

（5）制定一个根据区域实施"智能"电网和电网升级的工作、要求和预算的计划——从拥有主要的政府设施和大量人口的地区开始——确保"智能"电网软件将与能源投资标准应用软件和生产/分配设备运营管理和计量系统进行通信。

（6）为每个政府设施建立一个循环能源投资基金——由于计量和控制得到实施，投资回收期经常少于 2 年——节约将回到基金用于未来的投资（即预防性维护项目、低成本改善、立即开始）。

（7）与有资格的工程师签订合同，这些工程师了解如何：（a）进行整合的能源效率分析和设计恰当的设备规模和能源节约计算；（b）完成电力、供热和制冷数据（如果需要）的基准线；（c）制订数据软件计划；（d）确定设施能源基础设施投资解决方案信息的过程，这个信息包括 OA 第 3 步和第 4 步以及 Opassess 数据录入中详细说明的初级燃料、电力、供热和制冷生产和分配设备以及电网增加物、建筑增加物和设备、许可、环境和其他成本，并被扩展到包括环境成本影响。

（8）在每个州和/或由联邦部门（即国防部）建立资源效率融资行政管理机构，通过将每个项目的能源投资标准应用软件与更大项目池投资相结合为可以减少成本、分散风险、吸引投资者、将排放额度组合起来、跟踪和报告投资结果的项目池提供资金（见 FARECal 和国家乡村事业合作金融公司的例子）。

（9）建立一个能源排放清理专门工作组，提出一个工作范围来实施和确定清理作为能源生产和分配系统副产品的放射性废物、碳排放和其他有毒物质的成本——这个专门工作组还应该负责确定数据要求和算法来计算清理每个有毒物质的成本作为能源投资应用软件的一个组成部分。

（10）进行研究并准备好将建造、运营、维护和拆撤发电厂的生命周期投资成本以及与太阳能、风能、海洋温差能、地热和其他中央发电厂相比较的核电厂和火电厂的相关传输系统成本包括到能源投资标准软件中。

（11）消除任何电力企业和能源服务公司与用户合作投资和实施能源效率项目以及获得投资利润的障碍。

第 7 个月

（1）启动新能源投资标准软件应用，将设施基准线数据转换到新软件。

（2）启动"智能"电网软件应用。

第 7~12 个月

（1）完成对所有政府设施的初步评估来确定他们的能源投资业务规划——计划包括燃料、设备、运营和维护、废物处理、拆撤、融资、设计、采购、施工、所有权和风险管理计划——需要与潜在的合作伙伴、为可供替代方案的融资以及其他服务提供商的整合。

（2）将效率投资初步评估和容量增加与现有和潜在新发电厂和电网增加和连接费用进行比较。

（3）开始详细的设计、实施和财务战略。

（4）完成每个设施的能源投资计划，将发展中的投资计划的持续更新、比较和报告提供给软件应用。

（5）继续可再生燃料的电力生产项目的发展以抵消和/或替代现有火电厂和监控电网增加的成本。

（6）选择最终的设施投资计划，建立风险管理战略，确定初级燃料、设计、采购和施工、运营和维护、融资和其他风险的成本。

（7）开始设计、采购、施工和建设融资和性能测试。

正如上面所介绍的，在政府设施内进行能源效率投资的实施以及持续的电网开发、可再生燃料发电、能源废物清理、培训、研究、融资和风险管理可以在 12 个月内得到很好的发展。我没有指定利益相关者和交付日期，但是利益相关者将在能源部、美国环保局、当地和州政府、能源行业专家、投资者、保险公司等得到确定。重要的是，所有在效率、新电厂、电网增加和废物处理方面的生产能力投资都以实时的、可持续的度量为基础，从而测量、通信和报告结果。标准应用软件方法的目的是建立团队合作、促进决策、达成交易和向所有利益相关者传递结果。

上面列出的简单步骤既复杂又不完全，但是时间框架是务实的，具有法案提供的强大的经济刺激。到第二年年末，大量的建设会在进行中。所有经济刺激法案项目的更大投资计划都可以证明投资回报、生产能力增加和从对能源信息技术投资来获得效率、清洁的环境和经济增长的经济收益。经济刺激法案的成本可以作为每个项目的一部分得到资金，资金返回到联邦政府的同时还有创造就业、提高生产率和经济稳定性的额外利益。

参考文献

［1］ Anderson, R. R., & Sullivan, J. B. (1995, August). Manual on financing energy efficiency projects. World Energy Efficiency Association (WEEA).

［2］ APPA (2008). http://www.appa.org.

［3］ Bernstein, W. J. (2004). The birth of plenty: How the prosperity of the modern world was created. New York: McGraw-Hill.

［4］ Casten, T. R. (1998). Turning off the heat: why America must double energy efficiency to save money and reduce global warming. New York: Prometheus Books.

［5］ Covey, S. R. W. (1989). The seven habits of highly effective people. New York: Free Press.

［6］ Deutsch, C. (2006, October 21). Sunny side up. New York Times.

［7］ Electric Power Research Institute (EPRI) (2007). Power to reduce CO_2 emissions-the full portfolio, http://www.epri.com.

［8］ Electric Power Research Institute for the Board of Directors (2003). Electricity sector framework for the future, summary report.

Palo Alto, CA: EPRI.

[9] Energy Information Administration (2007). 2007 Annual Energy Outlook (AEO 2007) Base Case.

[10] EPA (2008). Combined heat and power partnership, http: //www.epa.gov/chp/.

[11] Financial Times (August 18, 2003). 1 & 3.

[12] Financing Authority for Resource Efficiency of California ("FARECal"). California municipal utilities association, http: //www. cmua.org/farecal.htm.

[13] Friedman, T. (2005). The world is flat: a brief history of the twenty-first century. Farrar: Straus and Giroux.

[14] Hansen, S. J., & Weisman, J. C. (1998). Performance contracting: expanding horizons. Lilburn: The Fairmont Press.

[15] Harvey, F. (2008, June 19). Energy from industry could halve gas imports. The Financial Times.

[16] International District Energy Association (2007a). 2007 Energy Bill Signed into Law. IDEA. http: //www.districtenergy.org.

[17] International District Energy Association (2007b). News Release. International district energy association, http: //www.districtenergy.org.

[18] Johnson Controls (2008, March). New research reveals increased interest in energy efficiency, but limited action, www.johnsoncontrols.com.

[19] Kushler, M., York, D., Witte, P. (2006). Aligning utility interests with energy effciency, objectives: A review of recent efforts at decoupling and performance initiatitves. American Council for an Energy-Efficient Economy.

[20] Laitner, J. A., & Ehrhardt-Martinez, K. (2008, February). Information and communication echnologies: the power of productivity, http: //aceee.org/pubs/e081.htm: American Council for an Energy - Efficient Economy.

[21] Lovins, A., & Others (2002). Small is profitable -the hidden economic benefits of making electrical resources the right size. Rocky Mountain Institute.

[22] Microsoft Corporation (Developed by Bloomsbury Publishing PIc) (2009). Encarta world English dictionary [North American Edition]. http: //uk.encarta.msn.com/dictionary_1861815156/ real_time.html.

[23] NAESCO (2008). NAESCO's Federal -2nd Quarter 2008 Policy Priorities. http: //www.naesco. org/policy/federa/2008-02.htm.

[24] National Rural Utilities Cooperative Finance Corporation (2007). http: //www.nrucfc.org.

[25] NEP Initiative-Expert Report (2003/2004). National Energy Policy (NEP) initiative, http: //www. nepinitiative.org/expertreport. html.

[26] Project Finance. Wikipedia (2008). http: //en.wikipedia.org/ wiki/Project_Finance.

[27] Roberts, D. (2007, August 12). Interview with Thomas Casten. Gristmill. http: //gristmill.grist.org/story/2007/8/12/105752/270.

[28] Singer, T. (2007). Comments of the NAESCO in Response to the DRAFT REQUEST FOR PROPOSALS (drfp) NUMBER DE - RP36-06GO96031 (Draft). www.naesco.org/policy/testimony/2007-0-26. htm.

[29] Solmes, L. (2008). Integrated energy systems: reliability and lowest btu cost. In B. Capehart (Eds.), Encyclopedia of energy en-

gineering and technology. Boca Raton: Taylor & Francis.

[30] Tech Target: Search CIO –Midmarket (2007 –2009). Real Time. http: //searchcio –midmarket.techtarget.com/sDefinition/0, sid 183_ gci 214344, 00.html.

[31] Tech Target: Search Domino (1999–2009). Real Time. http: // searchdomino.techtarget.com/sDefinition/0, sid4_gci934876, 00.html.

[32] Tech Target: Search Unified Communications (2008–2009). Real time application, http: //searchunifiedcommunications.techtarget. com/sDefinition/0, sid186_gci1309755, 00.html.

[33] The World Bank –ESMAP Report (2006, May). Financing energy efficiency: lessons from recent experience with a focus on Brazil, China and India. New York.

[34] Trisko, E. M. (2006, January). America Needs New Power Plants!

[35] Trotti, J. (2008, May/June). Institutional thinking: back – to–back we face the past. Distributed Energy, 8.

[36] U.S. Department of Energy (1978, November). The national energy act. en.wikipedia.org/wiki/National_Energy_Act.

[37] U.S. Department of Energy (2007, June). The potential benefits of distributed generation and raterelated issues that may impeded its expansion, http: //www.oe.energy.gov/epa_sec1817.htm.

[38] U.S. Department of Energy: Energy Efficiency and Renewable Energy. Building technologies program: Building energy software tools directory, http: //appsl.eere.energy.gov/buildings/tools_directory, http: // www.oe.energy.gov/epa_sec 1817.htm.

[39] U.S. Department of Energy: Office of Electricity Delivery and Energy Reliability. Smartgrid.www.oe/energy.gov/smartgrid.htm.

［40］ University of New Mexico（1995）. Capital Projects and Facilities Department.

［41］ USCHPA –United States Clean Heat & Power Association. (2007). http：//www.uschpa.org/i4a/pages/index.cfm？ pageid=1.

［42］ Vaitheeswaran，V. V.（2003）. Power to the people. New York：Farrar，Straus and Giroux.

［43］ What is the USCHPA？(2001). International district energy association，http：//www.districtenergy.org.